历史的丰碑丛书

文学艺术家卷

现代艺术的殉道者卡夫卡

吴玉龙 吴涛 编著

吉林人民出版社

图书在版编目（CIP）数据

现代艺术的殉道者——卡夫卡 / 吴玉龙，吴涛编著.
-- 长春：吉林人民出版社，2011.4（2025.4 重印）
（历史的丰碑丛书）
ISBN 978-7-206-07626-8

Ⅰ.①现… Ⅱ.①吴… ②吴… Ⅲ.①卡夫卡，F.
（1883～1924）—生平事迹—青年读物②卡夫卡，
F.（1883～1924）—生平事迹—少年读物 Ⅳ.
① K835.215.6-49

中国版本图书馆 CIP 数据核字 (2011) 第 037525 号

现代艺术的殉道者 卡夫卡
XIANDAI YISHU DE XUNDAOZHE　KAFUKA

编　　著：吴玉龙　吴　涛
责任编辑：丁　昊　　　　　封面设计：孙浩瀚
制　　作：吉林人民出版社图文设计印务中心
吉林人民出版社出版 发行（长春市人民大街7548号　邮政编码：130022）
印　　刷：北京一鑫印务有限责任公司
开　　本：787mm×1092mm　1/16
印　　张：8　　　　　　　字　　数：72千字
标准书号：ISBN 978-7-206-07626-8
版　　次：2011年4月第1版　　印　　次：2025年4月第3次印刷
定　　价：35.00元

如发现印装质量问题，影响阅读，请与出版社联系调换。

编者的话

　　"欲知大道，必先为史"。

　　回溯人类的足迹，人们首先看到的总是那些在其各自背景和时点上标志着社会高度和进步里程的伟大人物。他们是历史的丰碑，是后世之鉴。

　　黑格尔说："无疑，一个时代的杰出个人是特性，一般说来，就反映了这个时代的总的精神。"普希金说："跟随伟大人物的思想是一门引人入胜的科学。"

　　以史为鉴，面向未来。作为21世纪的继往开来者，我们觉得，在知史基础上具有宽广的知识结构、开阔的胸襟和敏锐的洞察力应是首要的素质要求，而在历史的大背景中追寻丰碑人物的思想、风范和足迹，应是知史的捷径。

考虑到现代人时间的宝贵，我们期盼以尽量精短的篇幅容纳尽量丰富的信息，展现尽量宏大的历史画卷和历史规律。为此，我们编撰了这套丛书。

编撰丛书的过程，也是纵览历代风云、伴随伟人心路、吸收历史营养的过程。沉心于书页，我们随处感受着各历史时期伟大人物所体现的推动历史进步的人类征服力量。我们随着伟人命运及事业的坎坷与辉煌而悲喜，为他们思想的深邃精湛、行为的大气脱俗而会意感慨、拍案叫绝。

然而，在思想开始远游和精神获得享受的同时，我们也随之感受到历史脚步的沉重和历史过程的曲折。社会每前进一步都是艰难的，都伴随着巨大的痛苦和付出。历史的伟大在于它最终走向进步，最终在血污中诞生了鲜活的"婴孩"。

历史有继承性和局限性，不能凭空创造。伟人也有血肉，他们的思想、行为因此注定了同样具有历史的局限性和阶级的、时代的烙印；他们的功业建立于千千万万广大人民群众伟大创造的基础上。历史是人民群众创造的，伟大的人物们是历史和时代造就的。同时，我们也无法否定此间他们个人的努力。这也正是我们编撰这套丛书的目的。

我们期盼着这套丛书得到社会的认同，对读者，特别是青少年读者之历史感、成就感和使命感的培养有所裨益。史海浩瀚，群星璀璨。我们以对广大青少年读者负责的精神，精心遴选，以助力青少年成长进步，集结出版了《历史的丰碑》系列丛书，敬请读者批评、指正。

历史的丰碑丛书

有人问及什么是作家成才的必要条件？

海明威果断地答道：童年受苦！

卡夫卡的奇迹，为海明威的理论又提供了一个强有力的注脚。卡夫卡不幸的童年和大半生"无家可归"的经历，使他足以精微细致地去体验人生，理解世界。他内心包容博大，感情丰富，精神敏感却天性怯懦，他是矛盾的，或者简直就是一个矛盾的组合体。他把自己编织的矛盾，把自己感受、积蓄起来的困惑、忧郁、烦恼……倾诉于笔端，这种流泄般的倾诉，形成了文学艺术壮美的奇观。

卡夫卡有许多秘密，他自身抑或就是一个巨大的谜团。在他生存的那个年代，仅"犹太人"本身，就足以为他带来诸多纠缠不已的困扰。他痛切地感到"身居异乡"、"谁都不是谁的同伴"。这是一种犹太人特有的感情，他们想在异乡土壤上扎根，使出全副心力使自己变得同那些当地人一样，然而他却从未完成这种融和……

目 录

历史的丰碑丛书

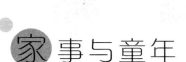

家事与童年

经常惊奇"我活着"这件事，这就是人生。

——泰戈尔

1883年7月3日，世界文学史上的一个十分杰出的人物弗兰茨·卡夫卡在布拉格的一个商人家庭诞生了。作为犹太人，他一出生便注定了要承受坎坷多劫的命运。

自从11世纪中叶以来，东欧犹太人便屡遭迫害。

← 四岁时的卡夫卡

布拉格的犹太商人，也同样受到当时所流行的种种敌视和歧视。他们始终被排除在社会生活之外，严格的法律规定了他们该从事什么职业，拥有哪种财产，他们是否可以婚嫁，他们必须住在哪里等等，过着各方面都受到限制的生活。在这样的社会与心理的种种重压下，犹太人在煎熬中顽强地生存着。

卡夫卡（Kavka）是捷克语，寒鸦之意。早在 17 世纪，波西米亚 的 犹 太 人 就 叫 "Kafka" 了。据推测，1688 年弗兰茨·卡夫卡的先辈就取得了这个姓氏。

←卡夫卡的父亲

卡夫卡的父亲海尔曼·卡夫卡 1852 年生于波西米亚南部沃塞克区里的一个小村庄。这是一个不足百口人的小乡村。他出身在一个一贫如洗的家庭中，父亲雅各布·卡夫卡是个乡下屠夫。1848 年，一场大规模的运动带来了普遍的解放，大批的犹太人从捷克的乡村地区，向"自由"的城市迁移。40 年后，卡夫卡的祖父雅各布·卡夫卡作为村子里的最后一个犹太人孤苦零仃地死在他的故乡。雅各布·卡夫卡一共有 6 个孩子，从童年起，他们就早起晚睡，走街串巷，用手

推车把肉制品送到附近的村子里去卖；而且，他们买不起鞋子，长年累月打赤脚，寒冬腊月也不例外；家中的生活境况更是窘迫，8口人挤在一间又低又矮的小房子里，这种简陋寒酸的小房子只有一人高，当时在整个波西米亚地区比比皆是。这样的家庭条件根本不允许孩子上学念书；当时，在沃塞克还有一所犹太人办的学校，好歹在这里，海尔曼·卡夫卡多多少少受了点教育。

14岁那年，海尔曼·卡夫卡不得不离开父母和那个家，完全自食其力。当时，对犹太人施加的暴行依旧不时发生，犹太人被基督徒们认为是另一个

→ 少年卡夫卡

种族，天生的下贱货。海尔曼·卡夫卡念念不忘自己那坎坷不平含辛茹苦的少年时代，孜孜不倦地让他的孩子们把父辈的这段苦难经历永远铭刻在心上。他认为，惟一能够接受、惟一值得去奋斗的目标，就是获得社会对自己的尊重。当时，要实现这个目标，谈何容易？姑且不说他作为一个犹太人在奥地利这样一个还相当自由的反犹太主义的国度里所遇到的种种困难。其最大的障碍是，他来自捷克的穷乡僻壤，在世人的眼里，很难取得德意志人的身分。为此，海尔曼·卡夫卡必须向上爬，进入少数德意志达官显贵的行列，这是飞黄腾达的必由之路。缘于这种攀援德意志社会名流的坚强决心，他决心在布拉格定居，从事商业并让自己的孩子在城里接受正宗的、严格的德意

←卡夫卡的母亲

→卡夫卡

志式教育。

　　弗兰茨·卡夫卡的母亲尤利·吕瓦与其丈夫的出身截然不同。尤利，出身于富裕和有教养的德意志犹太族市民阶层，受过较高的文化教育，居住在古城广场旁一座富丽堂皇的房子里，即"斯麦坦纳住宅区"，它位于旧城区的环城马路旁。这一带，是卡夫卡最熟悉的地方，也是感到最亲切的地方。除了他后来得病、不得不去疗养院以外，他一生很少离开过这个地方。在这里，卡夫卡一直与捷克人民保持着紧密的联系，他一直没有忘记青少年时代的生活环境，他对朋友雅诺赫说过这样的话："那昏暗的角落，神秘的走道，不透明的窗户，肮脏的院落，喧嚷的小酒馆和关闭了的客店，这一切至今依然历历在目，无一不撞动着我的心扉。我们走过新城那宽阔的大街，然而我们的步履却踏不实在，目光局促不安，我们的心颤抖着，又像到了那贫困不堪的古老胡同里。城市里进行的环境卫生工作根本与我们无关。尽管环绕着我们的新城搞得十分卫生整洁，但我们觉得住在我们自己的脏乱的犹太古城里要踏实得多。"后来，卡夫卡的另一个朋友也回忆说，有一次，他和卡夫卡站在窗户旁边，俯瞰下面的环形广场，卡夫卡用手指了指远处的一群建筑物，说："那是我以前的中学，面向我们的那座楼是我们以前的大学，向左一点是我的办公室，卡夫卡用手划了个圆圈说，我的一生都被圈在里面了。"

这种封闭自守的生活方式，有限的生活空间对当时的犹太人来说是司空见惯的。卡夫卡一家在刚刚定居布拉格不久，不得不勤俭持家，小心谨慎地安排生活，显得特别清贫寒酸。在海尔曼·卡夫卡的商店开业后的最初7年里，一家人的住房既简陋又矮小，拥挤不堪，并且不时辗转迁徙，他们住过的房子有：文采尔广场56号，盖斯特巷V/8号；采尔特纳巷3号，尼克拉斯街36号，这些无一不坐落在古城内或者紧靠古城，就连他们的第一所比较宽敞的住房也位于旧城区的两条环城马路中间。在这幢房子旁边，有许多狭窄的小巷、庭院和低矮的房子，"房子是互相串通的"，"阳台沿着院子，向外延伸出去。"这里便是卡夫卡童年嬉玩的场所。1889年秋天，卡夫卡也是从这里开始，第一次踏上了通向德意志男子小学的道路。

卡夫卡在最初的几年里得到母亲的照管很少，从小便缺乏母爱。1883年7月3日他出生后，母亲很快就整天去商店上班，把孩子交给保姆照管，加上住房不断搬迁，卡夫卡的幼年时代一直动荡不安，又随着他弟弟妹妹的不断出生，卡夫卡在家庭中也不断受到排挤，母亲对他最低限度的关怀也失去了。

卡夫卡是长子，两个弟弟（海因里希和格奥尔格）亡于幼年（一个死于两岁，另一个一岁半）。六年之后，三个妹妹相继出世，她们三人始终形影相随，但对这位兄长却保持着一段感情上的距离。后来，卡夫卡得病后，小妹妹与哥哥的隔阂被打破了，她成了卡夫卡最信赖最亲近的人之一。——根据所有的报道，我们可以想象卡夫卡的童年过得是多么的寂寞。

同样，海尔曼·卡夫卡对儿子也是不闻不问。他的商店越办越大，除了挣钱，以图跻身上流社会外，无暇旁顾。这样，父母对子女的教育仅限于就餐时的训示和命令。到了晚上，父亲总是玩纸牌，母亲则要小心地奉上烟斗。他一边玩，一边狂呼乱叫，或者放

← 卡夫卡的三个妹妹

荡大笑，在那间陈设讲究的屋子里，始终充斥着混浊的空气，这是使孩子窒息的混浊空气。卡夫卡就是在这种恶劣的环境中成长起来的。父亲对他发出简短、十分粗暴的命令，经常使他丈二和尚摸不着头脑。对卡夫卡来说，有大约4年的生活经历似乎是特别令人

→ 卡夫卡的代表作

←卡夫卡的妹妹们

伤心的，那是完全保留在他的记忆里的第一个时期：有一天夜里他不能入睡，不顾父亲百般威胁，要求喝水，父亲要求他别闹了，最后竟把他从床上揪起来，推到阳台上，让他穿着睡衣站在那里的上了锁的房门外面。"几年以后我想起这件事还心有余悸，害怕我父亲这个巨人几乎无缘无故地来终审我，夜里把我从床上揪起来，推到阳台上。"这样，久而久之，他"办任何事情都没有了把握"，"我只有手中捏着东西，只有嘴里咬着的东西，或者，只有马上就能抓得住的东西，除此之外，我一无所有"。

海尔曼·卡夫卡对儿子的粗暴态度，是造成卡夫卡优柔寡断、自暴自弃性格的主要原因。事实上，他也曾为增强孩子的自信心做出了一切努力，但由于方式不对，所起的作用却适得其反。对此，卡夫卡在《致父亲》中，进行了描述："你只会按照自己的性格，按照你自己性格的形成方式去对待孩子。你对孩子使用的，是力量、喧哗或者是勃然大怒。看来，你在这方面特别在行，因为，你就是想把我培养成一个强壮、勇敢的年轻人。"

除了父亲，女厨师安娜太太也对卡夫卡幼小的心灵进行戕害，她经常威胁这个胆小的孩子，扬言要向老师报告他在家是如何如何淘气。可见卡夫卡从小便具有的恐惧和胆怯是家庭教育的结果。当时，人们普遍对于专横武断的教育方法不抱怀疑，在卡夫卡的家里则更是如此。

与卡夫卡的父亲相反，他的母亲则驯从恭顺，性情平静。这种遗传的气质则给了卡夫卡神经过于敏感、多愁善感的性格。女管家曾对卡夫卡有这样的评价——听话、顺从、文静、内向，而且也很聪明伶俐。由此可见，卡夫卡处在一个十分复杂的家庭之中，他的性格构成中有家庭成员的多种成分。

卡夫卡生长在这样一个家庭之中，莫名其妙的清规戒律和不可理解的环境，使童年的卡夫卡割断了与外界的联系。"我的思想在现实世界之外；"他这样说道，"它同眼下的一切事情都毫无关系。"卡夫卡还根据自己童年的经历，劝告妹妹艾莉，把儿子送到寄宿学校去抚养。当时，卡夫卡40岁，人们可以从他写给妹妹的那封语气异常激烈的信中了解到，他所受到的家庭教育，对他的打击是多么的大。

除去家庭的因素，从当时的社会环境来说，弗兰茨·卡夫卡也是生不逢时的。那时的布拉格，从表面上看，是"王朝的一个封闭的盒子"，养老家、性情怪癖的人、文人学士都把它看成是一个理想王国。但实际上，在进入20世纪的前10年，捷克民族同德意志民族的民族矛盾已经开始了，街巷冲突和暗杀事件屡有发生。对于这些事件，虽然居民们竭力装出一副漠不关心的样子，听之任之，但由于德意志民族与捷克民族孩子们之间"传统"的交锋，实际上迫使小学生们也卷入了这种事态之中，并且具有更大的危险性。在这种历史背景下，作为犹太人的卡夫卡只能逆境而上。这个倔强的孩子，放了学后，就同班上最粗野的男孩子一起去山羊胡同进行殴斗。他企图在殴斗中证明，他既不是一个体弱多病的犹太孩子，也不是一个娇生惯养的儿子。有时，他也会因挨打而哭哭啼啼地回家。外衣的纽扣掉了，衬衫领子也撕破了，刻薄的女厨师就会很凶恶地对他说，他是一个凶手。每当这时，满怀恐惧的卡夫卡便意识到，满世界的人都会认为他是杀死了人的凶手。这个使他恐慌不安的意识终日折磨着他，竟然使他咽喉发炎，几天不能上学，最终导致心理产生障碍。

　　童年的所有一切给卡夫卡的一生打上了永远不能磨灭的烙印。特殊的经历使他充满自尊的心日益封闭，日益走向严重的孤独。并导致了他后来的对艺术纯粹主义的盲目崇拜。

→卡夫卡及父母墓

孤独少年

所谓人生就是一场梦幻，惟有贤明的
人才能做出美梦。

——席勒

  19世纪末的布拉格，是一个十分自由、开放的城
市。对外，它存在着与四面八方"联系的可能性"，在
城市内部，各方面也都有"交际的可能性"。可是，就
在这样的环境里，卡夫卡断绝了同外界的一切来往，
游离于社交圈子之外，过着形单影只的生活。

  卡夫卡在孩子时代，十分需要家庭的关怀和抚爱，
而他的父母却根本做不到这点。因此，从某种意义上
来说，他过着这种孤寂的生活，是为了表示对爸爸妈
妈的抗议。

  童年的卡夫卡渴望获得理解和感受能力，在当时，
这却根本得不到社会的理解。1893年9月20日，10岁
的弗兰茨·卡夫卡第一次走进了旧城的德语文科中学，
开始了新的生活。这是布拉格最严格的学校，比公立
学校划分的等级更森严。在这里，卡夫卡本应自由发

→卡夫卡代表作

展的个性又一次受到了严重束缚。

　　卡夫卡就读的高级中学"金斯基宫"是旧市区圆环里的一幢巴洛克式建筑物。这是一所专收10岁少年的奥地利旧式的古典语的高级学校，它是卡夫卡的父亲在慎重考虑之下才选定的。毕业于此校的学生是政府官员有缺位时的候补人选。

　　这座学校和周围的建筑物都十分庄严肃穆，它们十分强烈地反映出一种严肃、森严、压抑人的气氛和精神，这种气氛和精神笼罩了整所学校。延续10年之久的奥匈帝国的学校校规，使教师与学生之间几乎不可能有任何接触。它强调师道尊严，提倡刻板无用的死读书，根本不考虑学生个人的兴趣和志向。学校还不断强化教学，造成学生无谓的紧张。这一切都像禁锢圈，密密匝匝地套在学生的头上。

　　当时，奥匈帝国的教育界还在崇尚着"古典精神"。然而，他们采用的却是华而不实、自欺欺人的教学方法。这种教学方法存在着十分严重的缺陷，因为教学计划与教学结果之间有明显的距离。当时的教学计划是这样的：学习拉丁语和希腊语，让学生进入古希腊的精神世界，教学计划的制定者认为：不管现代的教育多么先进，它无论如何也是离不开古希腊的精神世界的，因而，应该让孩子从小就达到这种精神世界。结果，事与愿违，这些孩子总是为了应付考试而勉强学一点，过后便忘得一干二净。

　　对卡夫卡来说，这种所谓的"古典精神"，更是没有产生任何影响。在他的日记和书信中很难找到一点与此有关的印痕。他总是把每天要上两小时的希腊语文与拉丁语文，当成一种纸上游戏。在一个自己完全

陌生的世界里，少年时期的卡夫卡是无论如何也不能
把"古典精神"和现代社会进行联系的。何况，机械
地拿当代社会政治现状与过去某一个时代的情况简单

相比本来就是不科学的。既然如此，卡夫卡便对自己所处的时代和社会，以更抽象、更严格的眼光来观察、审视，并且他对社会的批判便越发的尖锐深刻。

在学校的几年里，卡夫卡还受到了学习宗教课的强制。因为他自幼对宗教十分冷漠，所以这种强制经常使他变得困苦不堪。但是他没有屈服，相反，他对宗教采取了更加坚决的拒绝态度。他经常以自己雄辩的口才在宗教问题的论争中压倒对手。当时，卡夫卡才16岁，他十分赞同反宗教团体组织"自由派"的宗旨。在自然史老师可多巴多的影响下，他开始谈达尔文的著作及黑格尔所主编的杂志《世界之谜》。这样，年轻的卡夫卡既有了反宗教的思想又接受

了其他哲学思想，他的道德观于是就变得更加冷峻和尖刻了。

从家庭方面来说，卡夫卡依旧没有得到应有的温暖和关照。此时的他已不甘心以屈就为代价去赢得父母的接近。相反，他却在故意地、有意识地对家庭予以报复。他一直拒绝同父母玩牌，他给自己保留一点点独立做人的权利。但是他并不一有机会就离开父母家，而是呆在家里，像一个蜗牛呆在适合他的小房子里，以便保护自己不受家庭的伤害。

既然卡夫卡在学校不能学到任何东西，在家里也不能寻求到任何帮助，那么他的独立就更具有非同寻常的意义。事实上，他在幼年时所经历的一切对其世界观的确立产生了举足轻重的作用。——他用冷静孤傲的眼光来与人生对话。

那时，卡夫卡几乎失去了全部的信心。因为他自己的确不知道自己的未来是什么。对此，他在心理上表现出了极大的不稳定。他的一个同班同学是这样评价卡夫卡的："我们从来不能与他坦诚相见，他的四周好像镶上了一道玻璃墙。他很文静、而且是微笑着，把世界朝自己打开，而把他自己封闭了起来，不让这个世界了解他。"

这个时期有一张照片十分恰当地表现出了这位中

学生的精神状态：他倚在布满蔓藤的阳台栅栏上，身体挺得直直的，面带窘相；他身上穿着坎肩，里面是一件高领衫，脖子上系着领带，在外面罩了一件外衣，扣子扣得高高的。他的双臂向两边伸展着，细长的手缠结在青藤之中；高大的鼻子，一双紧闭的小嘴，乌黑的头发垂在额前，灰色的眼睛射出若有所思疑虑重重的目光，咄咄逼向注目着他的人。这张照片是富有启发的：他的目光充满感动人的畏惧、失望、紧张和羞怯。1916年，卡夫卡在日记里写道，他在那个时候，遇事无人商量，更说不上在学校、在家里求人帮忙了。为此，他作出了一个很激进的决定：同外界断绝一切来往。这一点，他在日记里曾经提到：

←卡夫卡博物馆

就我的经历而言，学校和家庭只有一个目的，那就是要抹煞我的个性……一个男孩子在晚上读书，他正沉浸在一个紧张的故事情节之中，但是，父母告诉我，必须睡觉了，不能再阅读。对一个少年来说，这种限制根本无意义……而那正是我的特性之一。他们将煤气灯关掉，转身离去，不再理会我。我的个性就这样被压制了。他们总是说，别人都已经睡觉了，你也应该去睡觉。这我也知道，尽管我不明白，为什么别人去睡觉，我也必须跟着去睡觉。……孩子们希望改变现状的心愿比谁都强烈。我可以暂且忍受这些野蛮的压制，但是，我的心灵却留下了创伤，这个创伤是治愈不了的。不管怎样说，不管怎样举例子，用个大臣民的例子来抚慰我，这个心灵上的创伤总是血淋淋地张开着。我感到无比的委屈。……因为别人漠视我的个性……有一点是可以肯定的：我从来不能从自己的个性中得到某些好处，也就是说，我从来没有持久的自信心。

这段话典型地揭示出，卡夫卡的精神世界与周围

卡夫卡

环境是格格不入的。从中，我们也可以看到，一个"独自冷峻地思索的孩子"，已经有了惊人的冷漠态度。在这里，卡夫卡与世隔绝、离群索居的生活方式已经露出了端倪。十几年以后，这种生活方式最终定型了。

到了1913年，卡夫卡从离群索居、与世隔绝的生活方式，终于发展成了对孤独的执著追求。他始终十分清醒地认识到，家庭和学校是不会容忍他的个性的。在日记里，他这样写道：

> 作为孩子，每当父亲……提出最后通牒之类的话时，我就充满了恐惧。我并不好奇，即使我提出问题，由于思维迟钝而不能足以迅速地考虑出答案来，我也不为之好奇，因为往往有一种偶尔露头的，嫩弱欲动的好奇通过提问和回答得到了满足，而不用追问意义何在。正因为如此，"最后通牒"一词对我来说是一个难堪的秘密。

这段话很好地反映了卡夫卡的性格，那就是面对生活环境所表现出的敏感的畏缩气质，他的同学曾一针见血地指出，在卡夫卡与其生活世界之间隔着一道"透明的墙"。他的内在世界井然有序，而外在世界则纯粹被视为物质的堆砌。

作为一个学生，卡夫卡的学习成绩在班上是出类拔萃的，老师和同学都很赏识这个文静内向的男孩子。而卡夫卡本人的看法则与之截然相反：

> 我想着自己肯定不会通过高级中学的考试，这次居然成功了；可又想着到了高中一年级后，必定要败下阵来。不，我没有掉下来，而是一往直前，进了再进。但是，这并没有唤起我的信心，相反我始终深信，我成功的越多，最后的结局必然越糟糕。在梦境里，我看见教授先生们云集一堂，不禁胆战心惊（高级中学无非是最为普遍的例子，围绕着我的一切不过大同小异罢了）。他们云集一堂，对我这个闻所未闻的特殊情况进行火力侦察；他们因我这个最为无能之辈，无疑也是最为无知之徒而慷慨激昂，对我是怎样神不知鬼不觉地爬上这个班级来评头论足。由于普遍的注意力眼下都转移到我的身上，这个班级便自然迫不及待地要唾弃我，以博得所有从这个恶梦中解脱出来的道貌岸然者的欢心。

　　这并非是随意拈来的一次"梦境考试"的例证；卡夫卡编织如此一个有头有尾的臆想，更多只是借对于考试的恐惧来掩饰那种恐惧。因为眼下内在世界还是很脆弱的，害怕来自外界的任何袭击。

　　为了巩固自己的内心世界。卡夫卡对自己内在世界的建设，投入了过多人工的、意志的成分。这在他的好多言论里，都经常提到：

　　　　当我感到满足时，我就另外制造一些令自己不能满足的情况。利用我自己从时代与传统中所学到的手段，将自己一再地推入不满的世界中……。这样一来，我经常处在不满的状况中。我对自己的满足感到不满。我觉得组织严密的喜剧竟能产生于现实，是不可思议的！

　　　　我的意志消沉，这是从小就有的特殊性格；每当我出现孩子气的举动时，意志便开始消沉。例如，有时候我在河堤上散步时，会故意拉扯脸部的肌肉，或把手放在后脑上。可能有人以为这是很无聊的游戏，是很孩子气的。但是，对我而言，却是很完善的游戏。

　　　　如与里尔克（匈牙利诗人——引者注）年轻时奔放的行为比较，我的行为实在太天真、太像小孩子了。里尔克很慎重地戴上手套，手里拿着散步用的拐杖，鼻梁上架着有柄的眼镜，有时也穿僧侣的服装，另一手拿着茎部很长的菖蒲花。惟一相同的是，我们同样是在布拉格的堤防上，以严肃的步伐徘徊。

卡夫卡，这个孤独的少年，就这样连同他特有的疑虑和不安，"以严肃的步伐徘徊"在布拉格的大街上。

初 涉文学

错误经不起失败，但真理却不怕失败。

——泰戈尔

　　1897 年到 1898 年之间，卡夫卡开始了文学创作，文学为他开辟了一条随时可走的逃入暂时死亡的路。但是，在卡夫卡身上，日常生活和文学几乎完全脱节，尽管他觉得自己在文学上很内行。把他的生活的所有互相矛盾的因素联合起来的惟一可能性就在于卡夫卡为家庭娱乐而写的或上演的剧本，母亲过生日时演戏的家庭传统一直保留到卡夫卡至少 20 岁为止。

　　在卡夫卡写作的初期，他受到了来自多方面的严重干扰。首先，他本人对自己的作品拿不定主意；更严重的是，当时的写作风气对文学创作十分不利。那个时候，谁只要胡诌一些东西，谁就算是在搞"文学创作"。他自嘲道："要开始写文章，没有比现代更坏的时代。"这个时期，他的内心充斥着"彷徨不安"并有着很重的压迫感。

卡夫卡的同学，曾胡乱编写了古罗马人的悲剧，写成《生命交响曲》一书。并在一定范围内举行朗诵会公开宣读。卡夫卡有时也参加，但他从未朗诵过自己创作的东西。他愈积愈深的孤独使他对自己心灵的忠实记录秘不示人。这些初期的作品后来被他全部抛弃了。他在日记的一角，提到了这些事情，并表白自己的文学创作没有"浮夸的词藻"。从中我们还可以了解到，由于卡夫卡越来越感到孤独，所以，除了世界观问题，写作便是他最有意义的事情了。他写道：

←卡夫卡作品《变形记》

　　我是以何等的苦闷忧郁……开始了创作活动！来自创作之中的那令人窒息的冷酷，又是怎样旷日持久地威逼着我！……我曾计划写一部小说，反映两兄弟的相互之争，其中一位去了美洲，而另一位进了欧洲的一座监狱里……于是在一个星期天的下午，当我们去看望爷爷奶奶时，我写下了关于我的监狱的一些事……那寥寥数语，主要描写的是监狱的走廊，尤其是它的沉寂与冷漠；对留下来的那个兄弟也说了一句怜悯的话，因为他是心地善良的。也许我对于我那描写的无价值性有一种瞬间的未卜先知感，不过在那天下午以前，我从来很少去留意罢了。当我同熟悉的亲朋（我是如此的怯生，只要是到我熟悉的环境里就得了一半的安慰）一起围坐在那熟悉的房间里的圆桌旁时，我便不会忘记，我处在青春年华，有能力脱开这现实的羁绊，干出一番惊人的事业。我的一位擅长揶揄的叔叔终于夺走了我轻轻捏在手里的那张纸，草草看了看又还给了我，这次可没有笑，只是对其他注视着他的人说了句"平

←卡夫卡的画

平常常的东西",对我则一言不发。我虽然正襟危坐,像先前一样身子俯在那张看来无用的纸上,事实上我已被逐出了这个人群。这位叔叔的判断重重地刺伤了我的心。在这个家庭的感受中,我也看透了我们这个世界还有这样冷酷的地方,我要寻找熊熊的烈火,把它烧得热乎乎的。

从以上可以看出,卡夫卡起初表现为顽童式的与世隔绝在这里已发展到与家庭的关系上。尽管在他的思想深处也隐藏着对于社交的追求。但是,他所能做的,仅仅是对集体生活的思念,是想冲破寂寞的决心,在实际行动上,他能做的很少。

但是,卡夫卡为了摆脱孤独,毕竟做出了努力。其中最重要的是他决定转向社会主义。这次的转变,是他一生中的重要转折点,他在这以后,再也没有改

→卡夫卡纪念邮票

变这个政治倾向。将卡夫卡带往社会主义的人是他的同学鲁道夫·伊洛威，此人进入高级中学后不久就退学了。从此，卡夫卡成为班上惟一的社会主义者。他一反通常的羞涩、腼腆，而是用传统的红丁香别在上衣的纽扣上公开地表示自己的态度和政治立场。在由外界诱发的环境中，面对着挑战，卡夫卡有时也会表现出战胜怯懦的非凡的勇气和力量。一次，他参加了预科大学生联合会——"老城区同学会"，这是一个普通的德国民间组织。一次，这个组织在莫尔道举行活动。会上大家唱起了《莱茵河畔的卫士》这首歌，整个活动都是按照德意志民族的习惯进行的。对此，卡夫卡做了无声的抗议，在众目睽睽之下，他突然冲出会场，愤然而去。

卡夫卡虽然自己生活在一个没有温暖的孤冷世界里，但他却极力主张别人能团结友爱。与此相关的，是他所信仰的所谓的社会主义带上了这种浓厚的个人主义色彩。他同情马克思主义以前的空想社会主义，并在1918年的一本8开日记本里还为无产工人草拟了一份计划草案。这些都说明了他认为自己的信仰起码能一部分地改善这个社会，使人际关系变得良好起来。当然，这也是他为了冲破寂寞的环境所做的积极的抗争。

　　为了摆脱自己所陷入的困境，卡夫卡十分思念集体生活，他秘密憧憬着，希望能结识朋友。尽管他对友情的要求非常激烈，结果总是还未实现，一切便结束了。早在1903年，也就是他中学毕业后两年，他给别人写了这么一封信：

　　　　人与人之间互相以绳子连结，任何一个人的绳子松开都不行，他会沉在比别人更下一层的空虚里；如果绳子断了，他便掉落空虚的深渊，这是很严重的。所以，人必须依赖别人。

　　这封信是写给奥斯卡·波拉克的，他是卡夫卡的

　　北波西米亚的弗里德的小堡，是小说《城堡》的背景，1911年卡夫卡来过这里出差。

朋友并且为卡夫卡推开了通向外部世界的障碍。卡夫卡认为，一个人与外界的联系既然已经被破坏了，只有和其他人建立友谊才能重新建立起这种联系。他在中学的最后几年里和大学的头几年里，一直把奥

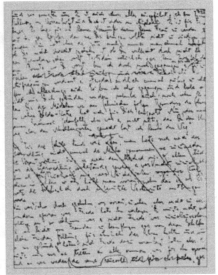

← 《城堡》手迹

斯卡·波拉克当作自己通向外部世界的桥梁。

波拉克是卡夫卡班上最优秀的学生，他成熟老练，具有坚强的意志与满腔的热情，个性鲜明。卡夫卡以前所未有的感情接近他。波拉克无疑也对这位谨慎、内向的同学产生了某些好感，处处对卡夫卡加以关心和爱抚。而卡夫卡则对波拉克报以尊敬和友善，这尊敬和友善的程度都是空前绝后的。毫无疑问，波拉克在他们的友谊中处于主导地位，卡夫卡在他身上倾注了满腔的热情，不但生活琐事求教于他，还将自己的手稿让他看。但对别人，卡夫卡顶多只是朗诵一下自己写的小说，更不允许别人任意地对他的作品作出自由的评判。波拉克受到了卡夫卡的最高礼遇。卡夫卡

→卡夫卡的素描

之所以如此，是因为面临毕业的他内心感到了前所未有的惴惴不安，他断绝了世界的往来，可他又必须走到世界中去。因此，这时的他比以往任何时间都更需要别人的友谊。

但是，卡夫卡很快便失掉了这份友谊。进了大学后，他和波拉克各奔西东，波拉克对他的感情淡漠了并开始逐渐疏远他。卡夫卡对此是十分伤感的。他在给波拉克的一封信里说："在所有的同学中，我本来只跟你交谈过，如果说我也与其他人交谈过的话，那也不过是附带而已，不是为了你就是通过你，或者是涉及到你。你对我来说，除了是许多其他东西以外，像一扇窗户，透过它可以看到大街小巷，对此我独自则无能为力……"可见，这份友谊的失去，给卡夫卡造成了十分严重的打击。在无奈之中他又陷入到孤独封闭中去，他对别人又重新充满了不信任，甚至是敌意。因为他第一次鼓足了勇气朝另一个人走去，只很短的时间，却又被对方毫不留情地拒之门外。他对这个冰冷的世界失去了最后一丝热情。事实上，在此以后，他再也没有如此地去结交任何朋友。他在心灵中暗暗地筑起了一道防线，坚决地抵抗或避免伤害。

此时，在卡夫卡的文章里，开始出现了拿窗户作

1917年的卡夫卡

比喻的句子。在他的早期散文小品《街头之窗》中，他这样写道："谁孤零零地生活着，而确实想加入到随便某个与外界的联系中，谁考虑到白天时间、气候、职业情况及诸如此类的东西的变化，而要不加思索地看到任意一个他能够赖以依存的臂，如果他没有一个街头之窗，便不会长久坚持下去。"毫无疑问，卡夫卡的确需要一个"窗口"，打通与外界的联系。他明白自己当时的处境：四周如竖立着高高的墙，而他置身其中，恍如隔离人世。

朋友的远离，使卡夫卡失去了对外界的最后一点信任。他比以前更加钟情于创作了。在他看来，谁都靠不住，只有文学永远是属于自己的，他企图以文学为桥梁再次建立与外界的联系，这是一次对人情冷暖的最深刻的体验。卡夫卡18岁时，曾选择过一个题为"如何了解歌德《达挍》的结尾"的练习题，表明了他的心迹。因为主人公达挍和他的经历十分相似，也是被众人"当作乞丐驱逐和流放的"。达挍对文中的另一个人物安东尼奥说：

> 我两臂紧紧地搂抱着你！
> 恰似那水手依然紧紧地扒在那悬崖
> 峭壁上，到终会落得个粉身碎骨的
> 下场。

1901年7月，高级中学的毕业考试结束后，卡夫卡预决定暂时地离开布拉格一段时间。他希望在高级中学无法得到自由的那种被强制心理，能够获得解脱。

大学时代

亲善产生幸福，文明带来和谐。

——雨果

　　卡夫卡中学毕业后，考入了布拉格大学德语部。当时他选择的志愿是哲学，但遭到了父亲的强烈反对。于是，他与自己的好友奥斯卡·波拉克一起开始学习化学，可是14天后就转入了他所希望的法律系就读。他所选读的"罗马法"的课程，是极其枯燥的，并没有唤起他的兴趣。到了夏天，卡夫卡再次转变了专业方向，去听艺术史、荷兰绘画、基督教雕刻的课程，并兼及语言学、文学的课程。

　　后来，卡夫卡不愿意在布拉格继续学习日尔曼语文学，并在一段时间内盘算着上慕尼黑大学的计划。因为当时他对职业与使命混合的双重压力十分嫌恶。但父亲认为那是无谓的尝试，拒绝他到慕尼黑求学的费用。

　　"布拉格不放开我"，他给奥斯卡·波拉克写信

说，"这个老太太紧紧抓着我，因此只得服从，要不……"这种被软禁起来，与"世"隔绝的感觉在许多布拉格作家身上并不少见：例如古斯塔夫·迈林克就感到自己被这个城市的"魔鬼的魔力"一直囚禁着。

卡夫卡在给波拉克的信里，还第一次用一则寓言来表达了他的沮丧心情。他叙述了一个名叫《高个子出丑记》的故事：高个子躲藏在一个古老的村庄。村里的房屋又低又矮，每当他在任何一间房里站起身来的时候，他的四方形脑袋就径直顶破天花板。在圣诞节前，高个子有一次坐在窗前，摇晃着两条腿，他编织羊毛袜，编织时，由于天黑了，他的一双灰眼睛几乎挨上了编织针。有一个衣衫讲究的客人来了。他"在他心目中是一个不正直的人"（据说这是埃米尔·乌蒂茨）。高个子为自己的身高、毛袜和房间感到难为情。客人的背心的纽扣和他善于述说的城里的事情使得房间里的气氛非常沉闷，令人窒息。在这位客人述说的时候，他用他那散步的拐杖尖顶着高个子的肚子。当高个子又是一个人独处的时候，他哭了。"他用长筒袜子拭去大滴大滴的泪珠。他的心痛苦万分，无处投诉。但是令人心烦的问题使他从腿凉到心……我哭，是出于怜恤自己还是怜恤他呢？……他又掏出长筒袜子。他手拿的编织针差不多要扎进眼睛，因为

→卡夫卡塑像

天更黑了。"

　　的确，因为自己的计划受挫，卡夫卡沮丧得很。

　　最后，卡夫卡不得不在布拉格呆了下来，到了下学期便又开始修习法律。对这门课程，他开始厌恶起来。正如他自己所说，他只是在考试前几个月，才给自己的神经加一些锯末，那些锯末已经被许多张嘴巴嚼过。"罗马公民权"、"古罗马法律格言集（第二部分）"、"合法权益"、"固定资产的强行执行法"等讲座趣味索然，味同嚼蜡。对此，卡夫卡感到十分无聊。

←纪念币上的卡夫卡

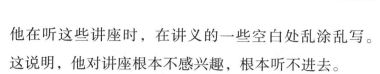

他在听这些讲座时，在讲义的一些空白处乱涂乱写。这说明，他对讲座根本不感兴趣，根本听不进去。

学习了法律，卡夫卡仿佛是补偿了欠父母的一笔债。他只去听必修课，学习了8个学期之后，他便完成了博士论文，取得了博士学位。得到学位后，他觉得自己无论做什么事，似乎都比较自由了。在这几年间，卡夫卡才觉得自己与周围环境有所协调了，并获得了一位合得来的知己——布里布拉姆（父亲是劳工保险局的局长）。后来，卡夫卡就在那儿任职。并且，通过布里布拉姆，他认识了许多工业企业家、教授、豪商、巨贾、贵族成员等许多头面人物，这是极好的认识社会的机会，卡夫卡从中了解了社会的上层人物。

寒暑假，卡夫卡经常到乡下去走一走，他想借这个机会离开布拉格去换一下脑筋。有时到里伯荷·修特克兹或施特拉柯尼茨，更多的时间是到梅伦的一个小市镇托累伊斯的舅舅家去，这位舅舅是一名乡下医生，卡夫卡对他最为尊敬。他以这位舅舅的生活方式、思想、周围环境等为原型，写成了《乡村医生》一书，揭示了他的生活态度和生活世界。

卡夫卡除了写作外，最热衷的便是去看德语或捷克语的戏剧以及去听"德国学生演讲、朗诵会"所举办的演讲或诗歌朗读会。在这里，他认识了一些演讲会的主角。1902年10月，卡夫卡与马克斯·勃洛特相识。在一次演讲会上，后者曾把尼采称之为"骗子"。对他们的交往，马克斯·勃洛特回忆道："我做完报告就回家了，卡夫卡陪着我，他比我大一岁，他经常参加各种集会和其他的活动，但我们就不太注意对方。要他引起别人的注意，这的确也是很难的，因为他总是一言不发，外表也极为普通，丝毫没有引人注目的地方……那时，他十分愿意讲讲心里话，比任何时候都直爽。在路上，我们俩说个不停，话题是这样引起来的：他觉得我在报告中，措词过分生硬，他对此不太满意，对我提出了批评。"

卡夫卡对尼采及其著作十分爱好，早在高级中学的最后一年里他就订了杂志《艺术看护者》，尼采为这

←卡夫卡故居

本杂志的创始人之一，这本杂志在年轻人当中有着特殊的影响。此杂志的编辑费迪南德·阿芬那留斯的主张曾经一度左右了卡夫卡的创作。当时，费迪南德·阿芬那留斯主张"正本清源"，即艺术家要真实、深沉和对自然有感受力"。他们的态度表现为一种对词藻异乎寻常的狂热崇拜，不是用仿古之词装扮成接近民俗的模样，就是充满着美妙的臆想："民俗的东西必须要遍地发芽，到处结果。"很多年来，卡夫卡一味模仿着这个未加思考而接受的思想，追求一种文辞表面上的魅力。然而，这些却使他陷入语言上的长期分裂症。1903年底，卡夫卡又回转到纯正的语言上来。这次失误之后，卡夫卡面对外界所提供的东西，越发小心翼翼了，为此，周围的世界，在卡夫卡心中受到了最严密的检查。引人注目的是，卡夫卡在这个时期专心阅读起日记、传记和信札作品。其中包括赫贝尔（德国剧作家）、拜伦、格利尔帕策（奥地利剧作家）等人的日记，艾可曼的《对话录》，歌德、古拉贝与多巴利的书信，叔本华、陀斯妥耶夫斯基的传记等，他阅读这些文学的目的是渴望获得"最敏感的良心"和"最伟大的光明"。他曾在一封信中写过"砸碎我们心中的冰海"。这个刚满20岁的年轻人的心声，的确使人感到震惊。因为他清醒地感觉到了自己的迷茫。

←卡夫卡

卡夫卡用冷静的目光，对周围的事物作了细致的观察。从他的冷静目光中，流露出他离群索居、远离尘嚣的特征。尽管如此，人们还是无法理解他那听天由命、悲观失望的处世方式。这种生活方式是他后期作品的主要内容。

卡夫卡在这一段时期，着手创作了一部短篇小说《一次战争的记录》，在所有保存下来的卡夫卡的作品中，这是他最早创作的小说。小说中有这么一段话："我不想再听片言只语了，请从头至尾，把所有的情况统统告诉我，不管怎么说，我是不想再听了。这一点，我得给你讲清楚。不过，对整个情况，我还是想知道的，而且，我还很感兴趣。"就在这突然固执地要了解一切的心情下，他不断地沉浸在惊讶与梦境之中。这种性格，使他的作品表现出了别具一格的特色：那就是卡夫卡一面希望"清醒地认识自己"，另一方面，他对世界、对自己也有一些惊诧的感觉。

在大学的最后几个学期，卡夫卡对被迫去学习法律感到十分苦恼。学习十分紧张，他的身体很弱，根本承受不了这种学习。1905年7月初，卡夫卡去了楚克曼特尔，在那里的一家疗养院疗养了一段时期。毫无疑问，卡夫卡又一次在试图"逃离"布拉格，但这个尝试同他后来所作的类似努力一样，没有什么成效，

在他的作品《乡村的婚事筹备》里，卡夫卡借主人公拉邦之口，讽刺了在布拉格的禁闭生活，表达了自己当时忧郁的心情。他说："在城市里，一切于己无益的东西，都可以扔掉，好像这是理所当然的，要是不这么做，人们反倒会自怨自艾，吃起后悔药来。以后，那些人就知道该怎么办了。"

回到布拉格后，卡夫卡就面临着几个月的严格考试，这是一个恐怖的经历。很长一段时间，卡夫卡的神经极度疲劳，好像嚼着锯木屑在过日子。1906年6月18日，卡夫卡通过了考试，获得了法学博士学位。教授对他的评语是：虽然不算博学，但表现得尚称职。

毕业后，卡夫卡对自己将要选择一个什么职业没有一点主意。其实，对他来说，选择一个什么职业并不是最重要的事，他选择职业的惟一标准是，他所干的工作不仅能保证他自立、不再依靠家庭，而且要保证他有足够的时间去搞文学创作，他要有足够的自由支配的时间。

然而，卡夫卡并没有获得自由。他心里虽然有这样一个"自由"的愿望，但在实际行动上，他对外界更多的是屈从。很早以前，他就这样说过："布拉格缠着我，久久不肯让我离去，这位老太龙钟满目皱纹的老太太始终伸着魔爪"。在一封信中，他还这么说道：

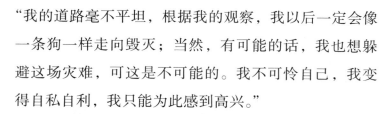

"我的道路毫不平坦，根据我的观察，我以后一定会像一条狗一样走向毁灭；当然，有可能的话，我也想躲避这场灾难，可这是不可能的。我不可怜自己，我变得自私自利，我只能为此感到高兴。"

　　刚刚走出大学校门的卡夫卡便"受到了严重的创伤。"茕茕孑立，形影相吊，这是卡夫卡在接触、认识社会以后所表现出来的思想状态和精神状态。虽然，他在每一件事情上，都想冲破这个思想状态和精神状态，力图排除这种状态带来的影响。但是，这个社会环境给卡夫卡作品的主题和风格还是留下了深深的烙印。他作品中别具一格的主题思想，冷静、清晰，但又有些单调的语言；他一味追求语言纯正的特性（不使用外来语），所有这些，如果没有布拉格这个社会环境是不可能的。

走向社会

交际越是广泛，越是感到幸福，这就是人类社会的起因。

——福泽渝吉

1907年10月，也就是卡夫卡获得博士学位的第二年，24岁的他最终选定了在保险公司上班的职业。可是职业的选定并没有从根本上解决他的精神问题。在决定了职业的几天后他写道：

我对保险制度本身颇感兴趣，但对我目前的工作却感到悲哀。如沼泽似松散冗长的服务时间令人怠惰，我面对自己比对工作更感悲哀。办公的时间是无法分割的，从一开始的30分钟，直到结束前的30分钟，无时无刻不感受到工作8小时的压迫，结果往往使人更加胆怯。……我不知道周围发生了什么事，也不去注意任何人。我每天走过四条小路，匆忙地散步，并将小路的转角弄成圆形。由于太疲劳了，我无法越过广场到对面的空地去。……我并非懒惰，而是由于害怕。对于写作，我怀有如同面对工作般的恐惧感。必须面对那不做不行的工作，实在是一大不幸！

卡夫卡对自己的这项工作是相当不满意的。因为保险公司的条件严格得近似苛刻。但他还是无条件地接受了。这是因为他要离开家庭，脱离父母的愿望一天比一天强烈。他渴望过独立自由的生活。

参加工作后，卡夫卡与外界进行了接触。同样，这次接触也是通过他与别人的友谊这扇窗户进行的。

在卡夫卡同奥斯卡·波拉克的关系破裂之后，马克斯·勃洛特扮演了友谊窗口这个角色，通过他，卡夫卡进一步地认识了布拉格的社会环境。在假期里，他们总是一起去意大

←卡夫卡的挚友马克斯·勃洛特

利北部、去巴黎、去魏玛、去瑞士旅行；勃洛特还带卡夫卡去布拉格的音乐咖啡厅、夜总会和酒店，将他引入了布拉格的文人墨客中去。勃洛特本人参加文化界的活动比卡夫卡要积极得多，他给卡夫卡介绍了许多同龄的朋友。在文学圈中，卡夫卡总是怯场，不愿在公开场合中显露自己，勃洛特经常鼓励他在朋友中朗读自己的作品；同时，也鼓励他写作，支援他出版。他多次劝卡夫卡，不要与世隔绝。1912年，勃洛特再度阻止卡夫卡脱离这个环境。

卡夫卡在保险公司的工作十分紧张，他在那里工作期间，写作完全中断了。为了解决"谋生职业"和"写作艺术"之间的矛盾，卡夫卡在那里工作了仅仅几个月，就到处找其他工作。1908年8月，卡夫卡被"波西米亚王国工人事故保险事务所"聘用了，从此以后，他一直在那里工作，直至他1922年退休为止。可以说，保险事务所的工作环境相当理想，尤其规定每天工作时间到下午两点，这最有利于卡夫卡的写作。

卡夫卡在保险事务所里一直是一名很受欢迎的人物。尽管"他没有朋友"，但大家都对他非常友好，他可以说是完全没有敌人。而且，人们常常求他帮忙。他的一个同事回忆说："有一个雇员在经济上很拮据，有时候，他只好向卡夫卡借钱，而卡夫卡总是有求必应。而当那个雇员还他钱时，他总是说：'你有困难，需要有人帮助，我就给你这一点点的帮助，这算得了什么！'他从不接受雇员还他的钱。"卡夫卡在冷静、漠然的外表下藏着一颗善良同情的心。

不久，卡夫卡以其"卓越的构思力"

工伤保险公司大楼，卡夫卡从1908到1922年退休前一直在此工作。

使他的聪明才智被发现和公认，工作上取得了十分出色的成绩。由于工作关系，卡夫卡经常接触一些工人，他对工人当时的状况十分同情，并对社会问题越来越关注。为此，他参加了许多政治团体的集会，聆听了社会民主主义者苏古帕库的竞选讲演。1912年6月1

日，苏古帕库作了关于美国选举制度的报告，报告中关于竞选的一些细节，卡夫卡都记了下来，他的长篇小说《失踪者》中有不少竞选场面，就受了苏古帕库报告的影响。

卡夫卡还参加了其他一些社会政治活动。1912年，他参加了在"大布拉格"大厅举行的集会，强烈抗议反动势力在巴黎杀害无政府主义者利雅波夫。在这次集会上，卡夫卡被捕。但问题并不严重，他付了罚款就把事情了结了。

在第一次世界大战爆发的前几年，卡夫卡同捷克政治界的一些先驱都很熟悉。在那个时期，卡夫卡也在一定程度上熟悉了社会主义的基本理论。此外，他还经常去药剂师芳太先生的家里参加报告会和晚会。在他家里，布拉格的一些佼佼者经常聚集在一起。在他们当中，有数学家柯伐莱·符斯基，物理学家弗兰克，哲学家艾仑弗尔斯和年轻的阿尔贝尔特·爱因斯坦。在那里，卡夫卡听了关于相对论、马·普朗克的量子理论、心理分析学基础的报告。这个时期，卡夫卡的主要作品还没有问世，他接触并学习了新时期最重要的理论和科学成就，这一切对他的作品产生了重大的影响。

因为常到芳太先生家走动，接触各类人物，卡夫卡渐渐地兴起了研究当时宗教问题的念头。他对宗教的偏依，是在朝着犹太教的方向发展的，基督教可以说对他是毫无影响。

　　卡夫卡第一次接触犹太教，是在1901年到1911年

FRANZ
KAFKA
PISARZ

←卡夫卡铜像

卡夫卡的住宅——采尔特纳巷 3 号

之间。那时，有一个来自连布鲁克的犹太人剧团正抵达布拉格公演。这个剧团在布拉格犹太人社会中是很陌生的。剧团的演员们被视为流浪者，与他们做朋友往往会被一般人所轻视。剧团上演期间，卡夫卡曾去观看。这使他父亲对此十分震怒。卡夫卡和剧团的演员辛卡克·雷威做了朋友。他为这些演员，还特别举行了犹太文学的演讲会，并为他们宣传。

也就是在同一时期，卡夫卡还第一次阅读了一本简介犹太民族历史、犹太德语文学史的书，这是一部大部头的著作。卡夫卡读得很认真，还在书上做了注脚。但他的宗教基础知识很差，譬如什么叫耶路撒冷的悲叹墙，它是怎么来的，有什么意义，这些卡夫卡都不懂。这方面知识的欠缺，给了卡夫卡一个不小的压力，虽然他在宗教方面不停地下功夫，一直到他生命的最后一刻，他的努力也没能取得多大的成效。1917年，卡夫卡在写给勃洛特的信上说："犹太人作品的惟一特性（我的著作例外），是经常令人感到稳定与慎重。因此，我好像被吹到了另外一个世界。"为此，卡夫卡开始学希伯来语。1921年，他提到："我们犹太人脚下没有固定的地盘。"一直到他去世前半年，他才

去柏林"犹太高等学校"听课，在那里十分用功地学习希伯来语。当时，犹太复国主义已成为他那一代许多人新的行为准则，卡夫卡有时也比较积极地参加犹太复国主义的活动，但他这么做只有一个原因：为了

←卡夫卡的舅舅

认真观察巴勒斯坦的新居民点，观察这些新居民点的结构，以及建立这些新居民点的殖民化企图。1912年至1913年，他多次打算去巴勒斯坦旅行，他对巴勒斯坦的情况很感兴趣，特别是巴勒斯坦人简朴的生活方式、团结心及无我的精神强烈地吸引着他。1913年，他在布拉格附近的托洛雅农庄里干过活；1917年至1918年，他在楚劳时，劝告妹妹从事农业劳动，以农为生。卡夫卡的这些所做所为都反映出父亲对他的影响。

在这几年里，卡夫卡开始作长途旅行。1909年9月他去里瓦旅行，与他一起去的有马克斯·勃洛特以及他的弟弟奥托·勃洛特。奥托·勃洛特把他知道的名胜古迹都指给他们看。9月9日，他们从意大利的地方报《布雷齐亚前哨报》上读到了一条消息：布雷齐亚将举行航空博览会。他们3人至今谁也没有见过飞机，特别是卡夫卡，他对"一切新鲜的、当代的、技术的"事物都感兴趣，无论如何他要到那里去看看。看完航空博览会后，勃洛特说服了卡夫卡，让他把所见到的一切都记下来。对此，勃洛特是有明显意图的，他写道："在这件事上，我有一个秘密的计划。当时卡夫卡的文学创作都中辍了；几个月之久他都没有写出点东西，常自我抱怨，说他的写作才能显然枯竭了，

干脆让它完蛋。有时几个月之久他都生活在麻木不仁之中，他完全绝望了。在我的日记里，常常记着他的悲哀。"心灵是灰色的，精神是欢乐的。"这句话对于

卡夫卡经常散步的道路

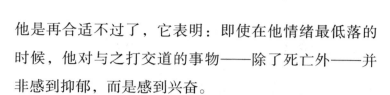

他是再合适不过了，它表明：即使在他情绪最低落的时候，他对与之打交道的事物——除了死亡外——并非感到抑郁，而是感到兴奋。

鼓励有了效果，卡夫卡的作品《布雷齐亚的飞机》问世了，这是他最早发表的作品之一，在德语文学史上，这大概也是最早描写飞机的作品。

1910年10月，卡夫卡去巴黎旅行，与他结伴的还是马克斯·勃洛特和奥托·勃洛特；1911年8月，他去意大利北部和巴黎，马克斯·勃洛特和他一起去，但在旅行结束以后，卡夫卡让勃洛特一个人先回去，他自己在苏黎士附近的艾伦巴赫疗养院休息了一个星期。1912年7月，卡夫卡和马托斯·勃洛特一起去魏玛旅行。接着，他像上次一样，一个人在哈茨山的容鲍纳自然疗养院住了3个星期。卡夫卡做这些长途旅行，是为了松一松套在他头上的禁锢圈，这个禁锢圈就是布拉格这个孤独的环境。"我在布拉格过的是什么生活啊！"他在1922年这么说，"我需要人，我有这个要求。但是当这个要求能得到满足时，它又变成了恐惧。只有在假期中，我才能有这个要求。"1912年，卡夫卡同马克斯·勃洛特作最后一次旅行。直到这时，他的状态还没有固定下来。卡夫卡自己在日记上写着："我经常为这一点而担忧，我努力要压制这股强烈的力量。我在脑筋极度明晰的状况下，把所有的力量，放在自己的身上。1912年，我好像死了。"幸好，1912年的秋天，这种状况有了好转。1912年在卡夫卡的生命里也就成了具有转折意义的一年

卡夫卡和他的女友菲莉丝·鲍尔

转折之年

> 人生之要事在于确立伟大的目标与实现这一目标的决心。
>
> ——歌德

1912年，卡夫卡的孤独、与世隔绝发展到了顶点。他与外界断绝了一切交往，形单影只。他在给杂志《许培里昂》撰写的一篇评论中写道："那些人远离团体，他们不需要什么庇护，对他们来说，没有什么无法理解的东西；因为他们自己是一团黑暗，所以他们到处都能得到博爱。他们也没有必要去增强自己的体质，那是因为，如果他们要保持高尚的品质，那只会白白消耗自己的精力，使自己憔悴不堪，以至别人伸手在帮助他们时，不可避免地先伤害了他们。"

卡夫卡在这一期间呕心沥血，奋笔写作。1912年秋，他的第一批主要作品问世了；长篇小说《失踪者》的大部分，即前七章，两则"故事"——《判决》和《变形记》。9月22日，卡夫卡通宵达旦地写作，创作完成了短篇小说《判决》。小说一脱稿，他便立即把自

己当时的心情写进了日记："当这个故事在我面前展开来时，当我在奔腾不息的激流中前进时，简直感到极度的劳累和兴奋。在这天夜里，我有多少次背负着全身的重量。仿佛一切都可以讲得出来，仿佛为那所有完全异陌的意念点燃起一堆熊熊大火，它们在这烈火中逝去和复生……还有那个被证实的信念，我的小说写作陷入恶劣的洼地之中。只有这样才能写作，只有

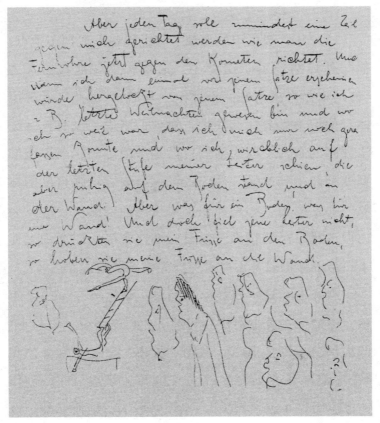

←卡夫卡日记中的一页

城　堡

〔奥地利〕弗兰茨·卡夫卡　著

→卡夫卡的代表作

在这样一种情思泉涌的联系中，如此完完全全地袒露胸怀和心灵。"

卡夫卡只能在晚上，完全与世隔绝的情况下才能

写作。在某些情况之下，其心态会转向"完全的孤立"，致使工作无法进行。所以，卡夫卡的创作力经常有异常的变动。他在撰写《失踪者》的中途，又开始着手于《变形记》，因此，《失踪者》的进度迟缓了下来。及至后来以叙事形式出现的两部作品《诉讼》与《城堡》，也是停停写写，都是未完成的作品。1913年2月至1914年7月，他没有创作出什么作品，而在9月22日至12月6日这74天里，他却写下了长达400多页的书稿。而且，在同一时期，他写下了60封以上的长信给他的未婚妻；又在8小时中，完成了20多页的《判决》。

卡夫卡自己也把1912年当作他最具决定性的转折点。10年以后，他在写给米莱娜的信中，曾提到有关《判决》的事。他说："在那个故事中，每个句子，每个字，每个音符都与'恐惧'密切相关，在漫漫的长夜里，我的伤口突然崩裂了。"值得我们注意的是，卡夫卡在那个时期的话题，总是围绕着"幽灵"、"恐惧"这样的字眼。他看到了自己眼下的处境和精神状态，因此便产生了恐惧感。正如克尔凯郭尔所说："这就是无辜的秘密。无辜就是恐惧。在自己的灵魂里，做梦一样地反映出自己的真实面目，可是，这个真实面目却是子虚乌有。"从那个时候起，在卡夫卡的日记和书信中，反复出现了"恐惧"这个词。卡夫卡就是恐怕外界侵入他的内心世界，恐怕他内心深处的自由被罪孽夺走，恐怕自己以后会为没有好好生活而吃后悔药。

要十分准确地掌握住卡夫卡的心理状况，几乎是不可能的。1913年8月，卡夫卡在第一次阅读了克尔凯郭尔的著作《不安的概念》以后，在日记中写下了这样一段心得："我想，我能感觉到彼此在本质上的一些微小差异。他的事情和我相似，至少是和我站在同一世界。他好像我的朋友，认识了我的真实本性。"

1922年，卡夫卡在写给马克斯·勃洛特的信中说：

→卡夫卡

"悔恨为什么还不停止？我得出的结论总是这样的：我本来是可以好好生活的，可是我没有在生活。"卡夫卡常常为自己过这种不像生活的生活而感到懊悔，他常常因此而自怨自艾。这种自我批评的态度，在他最后的10年中变得越来越强烈了。与此同时，他对空洞生活的恐惧感也一天比一天增强了。他认为，只有大量的写作才能证明他的生活是对的。

对卡夫卡来说，他的思想和行为是相当矛盾的。他在思想上有渴求自由生活的愿望，而在行动上却没有向这个愿望让步的决心。尽管，他为了实现自己自由生活的愿望，曾做了许多努力和尝试。这些努力和尝试在数量上是绰绰有余的，可惜他们都失败了。失败的主要原因最终还是要应该归于卡夫卡自己本人。他认为，应该把一切生活都献给文学，对献身文学事业的人来说，自由自在地生活是万万要不得的。1922年7月，卡夫卡在给马克斯·勃洛特的一封信中，曾谈了自己在这件事上的观点。同时，这也是卡夫卡对作家"境况"所作的一个十分重要的论断。他说：

> 我害怕任何一个微小的变化，害怕做任何一个对我来说是伟大的行动，因为这样会引起上帝对我的注意。……只是写作保存了我。我是否谈得更确切一些，那就是：写作保存了我的这种生活。我并不是说，我要是不写作，生活就会好过一些，我没有这个意思。恰恰相反，如果没有写作，我的生活就会更加糟糕，就会变得无法忍受，我就会以发疯而了却这一

→卡夫卡纪念馆

生。所以，我生活的先决条件是，当一个作家。虽然我没有在写作，可是在事实上，我确实是一个作家，不写作的作家是一个地地道道的窝囊废，他最终会神经错乱的。但是，当一个能写作的作家又是一种什么滋味呢？写作是甘甜的，是一份极为丰厚的报酬。但这是对什么事情的报酬呢？到了晚上，我才以童贞般的直观清晰地认识到，这是对神差鬼使般功绩的报酬。只要作家在阳光下写作，他们就不会知道，他们实际上是委身于漆黑一团的权势，并在给与生俱来的僵化思想松绑，他们还令人生厌地互相拥抱等等。只要在阳光下写作，他们是不会知道这一切的。也许有其他的写作方法，但我就知道这么一种。夜里，我因恐惧而

难以入睡。这时，我清楚地看到，在这种写作方式中，有一种幽灵般的东西。虚荣心和寻欢作乐的欲望在嗡嗡地作响，它们不停地围着我和一个陌生人的身躯打转。这个欲望和虚荣心所作的动作五花八门，它们形成一个虚荣的太阳系。幼稚的人有时候会这样想：'我想马上就死去，我要亲眼看看，别人是怎样为我哭泣的。'而当作家的，则是不停地把这个想法付诸实施。他不断地死去，或者说，他不断地不活，并为自己伤心地哭天抹泪。所以，作家都有一片害怕心理，这个害怕心理并不一定会表现为害怕死神，它可以表现为对细微变化的恐惧，……对死神的害怕心理，从原因上看，可以分为两种：第一，作家害怕死亡，因为他还没有真正地生活过，第二个主要原因——也许只有一个主要原因，可是我现在无法把它们区别开来——是这样一种想法，我所玩耍过的东西真的要出现了，可是我却不能通过写作赎回自己。

事实上，卡夫卡的说法并不夸张，因为在这几个月中，卡夫卡正住在布拉格的妹妹奥特拉的家中，写

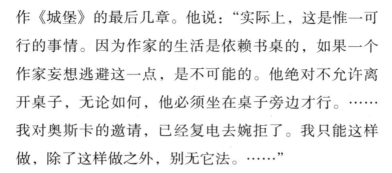

作《城堡》的最后几章。他说："实际上，这是惟一可行的事情。因为作家的生活是依赖书桌的，如果一个作家妄想逃避这一点，是不可能的。他绝对不允许离开桌子，无论如何，他必须坐在桌子旁边才行。……我对奥斯卡的邀请，已经复电去婉拒了。我只能这样做，除了这样做之外，别无它法。……"

也同样是在这一年里，卡夫卡在马克斯·勃洛特家里认识了菲莉丝·鲍尔（后来成了他的未婚妻），尽管两人交往十分频繁，但卡夫卡认为自己并没有幸福可言。他认为除了文学以及与文学有关连的东西之外，任何事情都不能让他产生幸福的冲动。否则一个人就没有做作家的资格。卡夫卡始终坚持着文学在他的生命里占据的地位。

对于女性，卡夫卡与别人的看法截然不同。无论是对与自己有亲密关系的女人，还是对街上的妓女，他都乐于以关怀的态度来对待。其实，这也是他思念集体生活的一种表露方式。但卡夫卡的男女关系并不多，胆怯常常使他远离它。后来，卡夫卡把这种关系，视为是"不纯洁"。有一个明显的事实，即在他的小说中，这样的女人经常出现。而且，她们在他的小说中是颇有内涵的人物。在决定她们命运的时候，小说也进入了最高潮，她们的形象也越发地明显，而成为主

题的人物。大致说来，她们的事通常都对男主角有很大帮助，这在小说的前半段就能看出；然后，她们又成为他的绊脚石，对他构成了妨碍。在卡夫卡的作品中，妇女在不同程度上，都被描写成妓女。这种男女关系的发生，主要是因为主人公对异性有一种好奇心。通过这样的描写，积存在卡夫卡心头的愿望——渴望在集体中生活，就会得到一些满足。卡夫卡对渴望过集体生活的愿望总是不付诸实施。这是因为，他觉得自己过集体生活的可能性是完全不存在的，因为在卡夫卡看来，如果过集体生活，他的写作就会完全中止。过

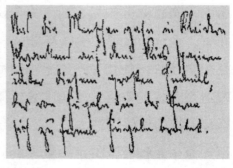

←卡夫卡手稿

集体生活只是作为一种理想而存在着，而要实现这个理想就必须有充足的条件。这一切真实地反映了卡夫卡为保持"孤独的纯洁性"而进行的努力，这种努力是激动人心的，也是自杀性的，它充斥了卡夫卡最后整整10年的生涯。其实，卡夫卡的这种努力的模式早就固定下来了。1907年，卡夫卡写信告诉他的女朋友说："如果你对我有一些感情的话，这感情只是怜悯，我对它的回报是恐惧。"这里，人们能十分明显地觉察

到他后来在同女性通信中常见的口吻。只是在无法过集体生活这个前提条件下，卡夫卡才开始为建立小家庭作了一些尝试，但最后还是不理想的。

　　1912年10月8日，卡夫卡给马克斯·勃洛特写了一封长信，他在信中大发牢骚，因为，他的父母亲一定要他在以后的两个星期里，每天下午抽空去照看"卡拉格第一石棉厂"的工作，这家工厂是卡夫卡的父母亲和妹夫联合开办的。卡夫卡在信中说："我伫立在窗边，把脸紧紧地贴在窗户的玻璃上，我要是纵身跳下去，肯定会把站在桥头上收买路钱的人吓一跳，我很适宜于这么做。可是在这段时间里，我总觉得自己太坚硬了，所以，把自己摔到路面上去，摔下粉身碎骨的决心老下不了，这个决心只停留在表面上，它没有决定性地向纵深发展。我也觉得，

→卡夫卡

活着能比死去更好地保证创作的进行。我可以在写完长篇小说的开头部分以后，在14天以后，继续进行写作。在这段时间里，我可以面对心满意足的父母亲，在工厂里、在我创作的小说中间自由自在地活动，以这种方法把自己保存下来。……不过，到了今天早晨，我对这件事再也不能保持缄默了，我一个个地憎恨他们，我暗中想，我在14天以后再也不跟他们打招呼了。夜里；我不是躺在床上，静静地入睡的，而是呆在屋外，不停地恨他们，同时，我也恨我自己；可是到了白天，我比晚上更没有主意。"

马克斯·勃洛特收到这封信后，立即到卡夫卡的父母亲那里，替他说了情，让他们收回了对儿子的那个要求。这样，一场灾难才算阻止了。后来，菲莉丝·鲍尔在同卡夫卡接触几个星期以后，发现卡夫卡的行为举止有些异常，她为此感到心里不安。勃洛特得知后，也立即给她去了两封信，恳求她"对弗兰茨近乎病态的多愁善感的状态多加安慰体贴"。勃洛特在信中说，"这是一个不平凡、出众的人物，人们应当特殊对待他，应该对他表示谅解和亲善，帮助他避免一切冲突。"

卡夫卡自9月中旬以来，一连几个月，他的写作在时间上安排不下，写作能力因时间的制约而发挥不出来。于是，他见缝插针：上午8时到下午2时是办公时间，下班后他就回家，3点左右睡午觉，一直到晚上7时半才起床，然后，他与朋友一起，或者一个人，去散步一个小时；散步回来同家里人一起吃晚饭。在布拉格，这么晚才吃饭的人家有不少。晚上11时左右，卡夫卡便开始伏案工作了，他往往工作到第二天凌晨二三点钟，有时还要更晚一些。

12月4日，卡夫卡第一次被邀请参加维利·哈斯和布拉格"赫路塔"协会举办的公开朗读会，从此以后，卡夫卡好几次公开朗读自己的作品。在此次的朗读会中，卡夫卡朗读的作品是《判决》，并以之献给菲莉丝。过了几个月，这篇作品被登载于马克斯·勃洛特所编的年鉴《阿路卡迪亚》（阿路卡迪亚意为古代的乌托邦）。

12月中旬，卡夫卡以《观察》为题，出版了包括18篇小品文的散文集。这是由罗伯特出版社所出版的。在1913年5月，这个出版社还出版了《最后的审判》丛书的第三卷《伙夫》，并出版了《失踪者》的第一章。

卡夫卡曾在给菲莉丝的一封信中，写过这样一段话："我对你的思念，也和我的作品有关。在几星期中，我的信心愈来愈大。所表现出来的句子也愈稳

固。"随着他同菲莉丝关系的不断密切，两人之间的对话也越来越明确、越来越直截了当了。这是卡夫卡认为菲莉丝同他的朋友马克斯·勃洛特一样，是一个可靠、坚强、平静和勤勉的人，他可以对她畅所欲言。所以，有时菲莉丝表示和他的想法完全相反时，卡夫卡感到十分恼火。

12月初，卡夫卡通知菲莉丝说，他圣诞节期间不准备去柏林了，尽管这个节日是他们俩重逢的一个好机会。那时，他正忙于《变形记》的结尾工作，惟恐外界会对他的写作带来任何麻烦。他认为，无论是长期、短期旅行，这对他都会是一种刺激。但接下来的事实是，卡夫卡却感到创作热情渐渐熄灭了。不久，《变形记》的写作中断了，再继续写《失踪者》也是很困难的，他只写了几页就停笔了。而且，其他散文方面的尝

←卡夫卡故居

试也失败了。

《失踪者》的构想被搁置了一年以上，一直没有再动笔，这篇作品是叙述一个16岁的移民者的体验。在另一作品《判决》中，主人公本得曼给定居在俄国的朋友写了一封信，告诉他，自己已经订婚了。写完这封信以后，他就被父亲判决了。这部小说的创作过程充满了卡夫卡特色。本来，卡夫卡在开始时，是想描写一场战争的，但在写作过程中，他郁积在内心的想法全部倾诉了出来，最后竟写成了《判决》这样一部小说。卡夫卡的这种精神状态，在《变形记》中，有更为强烈的显现。

这些作品，大都为卡夫卡的自我写照。从中可以看出，卡夫卡患有恐惧症。而且，他还神经过敏，这特别表现在他对噪声有神经质的反应。卡夫卡在最后几年里，神经过敏到了极点，左邻右舍都把他看成一个可怕的幽灵。他的这个精神状态，当然也反映了他对人、对噪声、对混乱的厌恶态度。也就是说，他越来越悲观厌世了！

不幸的生活

人生便是白昼与黑夜的斗争。

——雨果

　　1913年至1914年上半年，卡夫卡没有写出任何大部头的作品，对嗜文学如命的他来说，这无异于是一种折磨。1913年初，卡夫卡就想用体力劳动结束那种"自我折磨"，这是他经常采用的方法：他长时间地在户外散步，在家具加工场打短工，骑马、游泳、划船。从3月份起，他每天去布拉格附近的托洛雅果园劳动。

→卡夫卡的故乡

　　复活节期间，卡夫卡第一次去柏林看望了菲莉丝。在圣灵降临节，他又一次去了柏林，而且被介绍给菲莉丝的家人。几星期后，卡夫卡想依照惯例，向菲莉丝的父亲提出订婚的要求。

　　在几个月中，卡夫卡又对自己的决定产生了顾虑。他在日记里写道："我要不顾一切地得到孤寂，我只有我自己。"8月15日，他又说出下面的话："我要不顾一切地同所有事情、同所有的人断绝关系，我要同所有的人结仇，我要不同任何人说话。"

　　就在这种矛盾的心理状态下，卡夫卡给菲莉丝的父亲写了一封信。在信中他公开声明：我对自己的文学创作是十分执著的。我无法放弃它。因为文学创作是我惟一的希望，也是我惟一的职业。我是一个很难了解、寡言、不懂社交而又喜欢抱怨的人。您的女儿和我在一起，也许会遭遇不幸。文学是我惟一关心的事，我所选择的工作很可能会导致我的毁灭，即使结了婚，也不会使我改变。

不久，菲莉丝的父亲回信了，意外的是，他竟应允了卡夫卡的求婚。卡夫卡是一个十分古怪的人，他经常拿着名作家们的生活规范和自己比较。结果，他认为自己的婚事对写作有妨碍，1913年9月，他第一次与菲莉丝"决裂"了。这为他以后作出类似的决定提供了一个模式：那就是当他必须在"生活"和文学两者之间作出一个选择时，他总是选择后者。1914年7月12日，卡夫卡去柏林和菲莉丝解除了婚约。这时第一次世界大战即将爆发。

8月份，卡夫卡的大妹妹，为了躲避战祸，带着两个孩子来到布拉格的卡夫卡家里。就这样，卡夫卡"被迫"放弃了无法忍耐的家庭共同生活，一个人在威雷区租了一个房间。后来，卡夫卡因为对噪音十分敏感，所以常常搬家。

解除婚约，大战爆发，远离了家庭。这一切终于向卡夫卡提供了他求之不得、但又害怕得到的孤独环境。这时，卡夫卡的创作能力又恢复了。他进入了一个新的创作阶段。他在日记里写道："几天来，我一直

→卡夫卡的亲友

在写作，我真希望能继续这样写下去。现在的情况同两年前不同了，我再也得不到干扰了。事实已经证明，我这种有规律的、空虚的、令人神经错乱的独身生活是行之有效的；我可以重新与自己对话，只有这样，我才有一个转机。"

1914年8月，卡夫卡开始创作长篇小说《审判》。这一次，他的创作进展很快，两个月时间，他就写完了好几章。到了10月初，他休息了一个星期。在短短的时间里，卡夫卡一气呵成，写完了《失踪者》最后

一章，而且还创作了短篇小说《在流放地》，把它们加在一起，总数达70页打印纸。可是，好景不长，卡夫卡又受到了外在世界的干扰。原因是，他的妹夫服了兵役，他的工厂必由有卡夫卡来照看，为此，卡夫卡不得不牺牲下午的时间。他不想过这种毫无意义的生活。为了逃离布拉格。卡夫卡申请入伍。但由于其体质虚弱，遭到了拒绝。值得庆幸的是，他的创作力逐渐恢复了，并且，他的作品也得到了社会的广泛认可。1915年秋，卡尔·修特洛海将颁发给他自己的"凡塔

→卡夫卡的故乡

那自然主义文学家奖"让给了卡夫卡。

　　1915年11月，《变形记》在《近日新书》的第22
卷、23卷的合订本中出版了；1916年9月，《判决》在
第34卷中出版。11月10日，卡夫卡第二次，也就是最
后一次公开朗读自己的作品。他在慕尼黑的高尔茨书
店朗读了小说《在流放地》。卡夫卡十分适合朗读自己
的作品。他以冷淡、朴实的"布拉格德语"的语调，
娓娓读来，使他的作品，更具特色。

　　从1916年到1917年冬天，卡夫卡开始写笔记，并
完成其他的故事。如《乡村医生》、《天花板上》、《谋
杀兄弟》、《邻居》等。当卡夫卡相信自己已经可以写

出自己的内心世界时，他马上有了与外界重建联系的渴望，他又一次表现出要和菲莉丝结婚的决心。于是，两人便在布拉格二度订婚。

　　然而，不幸的是，卡夫卡在1917年8月突然发生了咯血现象。一个月后，大夫确诊他患了早期肺结核。为此，卡夫卡从一切义务中解脱出来，去楚劳养病。这次是他离开布拉格时间最长的一次。

　　对卡夫卡来说，在楚劳的那几个月生活，是他同外界断绝来往的实际行动，也是他为此而作的进一步尝试：同菲莉丝、同单位、同父亲统统断绝来往。这期间，卡夫卡又一次同菲莉丝解除了婚约。

←卡夫卡的故乡

从 1917 年到 1919 年，卡夫卡和他父亲的对立关系逐渐尖锐化。他将自己的病史长期瞒着父亲，并独立地去决定一切事情，这令父亲大为恼火，认为他的一切选择都是错误的。父子关系的恶化逐渐达到了顶峰。

在楚劳滞留期间，卡夫卡一篇作品也没写出来。可是在他的备忘录中却可择出 109 则格言。为了世界观的问题，卡夫卡读了克尔凯郭尔的著作和奥古斯汀的《忏悔录》，并和前来探望他的朋友奥斯卡·巴姆讨论有关托尔斯泰的观点及见解。有关他的作品《城堡》的构想也是他在楚劳的冬天开始的。在那里，农民也第一次给卡夫卡留下了很深的影响，他在日记里第一次说到了农民的生活，并给予了赞扬。

从楚劳回到布拉格后，卡夫卡都力求尽可能地避免做过分的精神劳动，但他的健康还是每况愈下。尽管如此，他却不想到疗养院去。更倒霉的是，卡夫卡染上了正在欧洲蔓延的西班牙流感，高烧超过 40 度，最后竟至危急到他的生命。这场病使他几乎整整 4 个星期卧床不起。病情转好后，卡夫卡立即开始写作，但不到一星期又犯病了，发高烧，呼吸困难，大汗淋漓。这次他不得不去谢列森休养。为此，他的写作中断了很长一段时间，1920 年秋，他又重新开始了写作。

从9月至11月，卡夫卡的短篇小说《城徽》、《波赛顿》、《深夜》、《关于法律问题》、《兀鹰》和《陀螺》等问世了。

最后的日子

> 人生从来不像意想中那么好，也不像意想中那么坏。
>
> ——莫泊桑

1921年9月，卡夫卡从马特里拉里疗养院回到了布拉格，马特里拉里的疗养并未能控制住他病情的急剧恶化。也许卡夫卡已预感到他的时日不多，1921年冬至1922年春，他在布拉格完成短篇小说《最初的烦恼》的同时，突然开始写他"最终"的日记。作为一生的总结，在1922年1月，卡夫卡开始尝试写"几乎被确定的人生处理方式"，那就是他著名的小说《城堡》。在这部长篇小说里，现实主义的特点比其他任何小说都要清晰。卡夫卡一生的经历，如在单位、楚劳等的情况，以及他一生所认识交往的人，都在《城堡》这部长篇小说里得到了反映，得到了描写。

接着，卡夫卡又完成了《饥饿艺术家》、《一条狗的研究》等。这其中除了他自己烧掉的作品之外，还包括《夫妇》、《不要做》、《关于比喻》等几部作品。

　　1923年9月底，卡夫卡又去了柏林，他很早的时候就认为，柏林是他惟一能生存下去的城市。每次当他有了逃离布拉格的念头时，他想到的第一个目的地就是柏林。在那里，他和自己喜欢的另一个女人多拉·迪曼特同居了，并建立起了家庭。

　　在卡夫卡生命的最后几个月里，他的病情急剧恶化。特别是因为当时通货膨胀，卡夫卡营养不良，他的身体很快就垮了。1924年1月，他在写给马克斯·勃洛特的信中说："像这种脆弱的精神状态，我没有办法加以描写，在左边支撑我的，可能是多拉·迪曼特，

→卡夫卡纪念馆

在右边支撑我的可能是其他某个人。在我脚下的大地愈来愈坚固，我面前的地狱被砂土埋起来了，在头顶上回绕的大秃鹰也被赶走了。如果向我袭来的暴风雨能被镇压住的话，我可能还有希望。"

卡夫卡

1924年3月初，卡夫卡病危，他的舅舅西格弗里特和朋友马克斯·勃洛特立即赶到柏林，把他接回布拉格。结核病已经蔓延到了喉头，病已经完全没有治愈的希望

右为卡夫卡

了，卡夫卡的时间已经不多了。到了4月初，卡夫卡已经十分消瘦，体重锐减到95斤，他连说话也十分困

→卡夫卡的故乡

难，只能在嗓子眼里低声嘟囔了。6月3日，卡夫卡的呼吸急促起来。极度痛苦的他对医生说："杀了我吧！不然你就是凶手。"医生给他注射了安眠剂。很快，卡夫卡便与世长辞了。他被埋葬在布拉格。——他既憎恨、又热爱，一直想要离开，却又被紧紧吸引住的地方。

身后盛誉

仰不愧于天，俯不怍于地。
——孟轲

卡夫卡被认为是西方现代派文学的祖师，然而，作者生前并没有享受到这个荣誉。他虽然没有倡导过什么学说，组织过什么流派或文学团体，他的"祖师爷"地位，是他的作品本身带来的，是时间的筛选考验出来的。

1935年首次出版他的六卷本文集后，先是在法国，经过加缪等人的宣传，很快扩大到英美，形成一股"卡夫卡热"，从他的作品中，存在主义文学看到了追求自由存在的痛苦；荒

←卡夫卡和妹妹的合影

诞派看到自己所需要的"反英雄";黑幽默派看到了灰暗色调和讥刺意味;超现实主义看到了弗洛伊德式的心理分析和"超肉体感觉";表现主义看到了梦幻和直觉,各种流派争相攀亲结缘。

50年代后期,"卡夫卡热"涌进了不同社会制度的国家,同时引起了西方某些信仰马克思主义文艺批评家的重视。乔治·卢卡契认为,卡夫卡是"一个对现实始终怀着盲目和混乱的恐惧的经典作家。他在今天的文学中独一无二的地位的基础是:他直接地、简朴地表达了这种生活感受;而在基本内容的表现上,他笔下没有出现形式主义的、技巧至上的、矫揉造作的写法。这一内容本身以其毫无掩饰的直接性决定着他独特形式的形成。从形式的特点这一角度看,卡夫卡

→卡夫卡故乡布拉格

似乎可以列入重要的现实主义作家的家族，主观地看，他还在更高的程度上属于这个家族里，因为恐怕很少有作家能像他那样，在把握和反映世界时，把原本的东西和基本的东西，把对于前所未有的事物的惊异表现得如此强

←卡夫卡的母亲

烈。特别是在今天，在那种实验性的或千篇一律的技巧掌握着多数作者和读者的时候，这种突出的个性必定会给人留下难忘的印象；这种创作的表现力，其强度所以增强了，那是因为不仅它所表现的感情具有一种今天通常少有的朴实和真诚，而且被表现的世界也获得了与这一感情相适应的朴素和自然。卡夫卡最深刻的独特性就在这里。克尔凯郭尔曾经说过：'一个人越是独特，他心中的恐惧就越深'，卡夫卡所描写的就是以这种十足道地的独特性来表现这种恐惧，表现由于这种恐惧而不可抗拒的必然产生的东西，即客观现实中那所谓的与恐惧相适应并引起恐惧的结构及其对

→卡夫卡的故乡布拉格

应物。卡夫卡的独一无二的艺术基础并不是他发明了迄今没有过的形式上的手段，而是他在表现客观世界及其人物对这客观世界的反应时的那种既是诱迫的、又能唤起愤怒的明了性。"

　　1963年，当卡夫卡80周年诞辰的时候，他的故乡布拉格举行了国际性的卡夫卡讨论会，与会者主要是东欧各社会主义国家文学界代表和西欧的马克思主义文学批评家。尽管会上存在着激烈的争论，但它证明了这样一个事实：没有人能提出全盘否定卡夫卡的理由了。有人认为卡夫卡作品的基本主题是：对没有目的的道路和没有道路的目的的恐惧。卡夫卡帮助我们认识了世界，他以诗人的预感在这个正在腐朽着的世界的种种异化中觉察出一种更为深刻的异化，而这种异化直到他死后，在希特勒法西斯时期才得到充分证实。卡夫卡的作品不仅是垂死世界的一种绝命叫喊，它还具有多种意义。他的作品作为人类关系的一部法典而出现，同时，通过表现社会关系的象征手段，他的作品又是一部主观的法典和先验的法典，而今天保存着的，则是这部存在与神秘之间的关系的艺术法典。这部法典犹如科学家为了解释种种现象而提出的模型。

　　卡夫卡为他们称道之处，还在于他对社会异化的深刻的形象揭示。他们认为，卡夫卡是人们上次大战的经验，也是这个空前地使人异化、并且阻止人成为自己命运主人的资本主义世界战后的经验，然而，异化并不是在人民夺取政权的那一天，用

←卡夫卡自绘素描

魔棒一挥就会自行消失的。在社会主义建设时期，还存在着种种矛盾和异化，而在我们反对依赖物质世界的斗争中，在我们反对个人迷信过去所能产生的并且现在仍然产生着的一切事物、反对同社会主义人道主义相矛盾的一切事物的斗争中，卡夫卡的作品使我们认识了自己，并且给我们作了鉴定。

倘若有人认为，卡夫卡和他的作品以艺术形式表现了马克思在批评现代资本主义社会时，用"异化"这概念所概括的事物，这种评价就不符合事实了。卡夫卡不熟悉马克思主义关于异化的理论，而且也不可能熟悉这种理论。卡夫卡所认识的、构成他的生活内容并决定他思想感情的，乃是一种在帝国主义时期出现的资本主义异化过程，对于有限社会阶层所发生的影响，而这一社会阶层就决定了卡夫卡的出身和环境。诚如马克思所言："物对人的统治，死的劳动对活的劳动的统治，产品对生产者的统治。"毫无疑问，卡夫卡是公认的表现或揭示资本主义"异化"的一个十分突出的作家，卢卡契说："他是一个出色的观察家，对现实的魔影性有极深刻的感受。"

如今，"卡夫卡热"仍在持续、扩大，卡夫卡和他为数不多的作品成为专门的研究学科，专著、专论数以万计，在东、西方的大学课堂里，卡夫卡也是最热门的选修课之一。有人认为，当代美国文学"没有卡夫卡是不可想象的"；卡夫卡对于20世纪英国浪漫派作家具有"最强烈的影响"；卡夫卡是"法国存在主义的先声"；"今天几乎没有一篇德语的小说散文不曾以不同方式或多或少地受到过他的影响"。侨居美国的奥登说，就作家与其所处时代的关系而论，卡夫卡完全可以与但丁、莎士比亚和歌德相提并论，不仅如此，对许多读者说来，卡夫卡还是一个永恒的谜，一个禅宗的"公案"，要解开这个谜，诠释出其终极性的解脱之内心经历，就等于把握了人生的真谛。

卡夫卡解读

倘要完全的书，天下要读的书恐怕绝
无，倘要完全的人，天下配活的人也有限。
——鲁迅

卡夫卡的作品并不很多，而且在生前发表的数量
相对更少。他死后由他的挚友马克斯·勃洛特编辑出
版了卡夫卡文集六卷。其中包括三部主要的长篇小说，
两卷短篇小说和一卷杂记。卡夫卡日记（1910—
1923），由马克斯·勃洛特发表的卡夫卡书信录，以及
由维利·哈斯发表的卡夫卡致捷克女友兼译者米莱
娜·耶森斯卡·波拉克的信构成了附加的三卷。

卡夫卡的作品可称之为由隐喻伪装起来的精神自
传。他认为自己想表达"梦幻式内心生活"的意识已
经阻碍了他所有其他的兴趣和才华，成为惟一能使他
充分满足的品性。作品谜一样的暗示是其最显著的特
色，它们就像梦一样逼着人们去作出解释，但又不提
供答案，有时候他的小说也真的源出于梦，但卡夫卡
的小说至为严谨，决非梦的复制，而是在某些基本方

面具有梦一样的结构。他小说的一大特点，是叙述与隐喻间的特殊关系，他的小说致力于表现藏在语言里的隐喻。梦的表达用的是以前说话方式所具有的那种形象语言，梦直截了当地把藏在讲话中的隐喻拿来，作为具体可见的事件表现出来。

卡夫卡的《在流放地》，把两个隐喻都描写成具体发生的事情。流放地的机器慢慢杀死囚犯的方法是把他违反的法令真的刻在他的皮肉上。实际上，他就死在牢记这个教训中：法令"留下的印记"致他于死命。德语中"虫子"一词用来指那些卑贱低下的人，就像我们用"蟑螂"来形容一个肮脏、卑下的人一样。卡夫卡《变形记》中的旅行推销员格里高尔·萨姆沙由于其懦弱卑下的行为和寄生的愿望而"像一只蟑螂"，然而，卡夫卡去掉了"像"这个字，把隐喻变成了现实：当格里高尔·萨姆沙一觉醒来时，他发现自己变成了一只巨大的虫子。通过这种变形，卡夫卡把原先思想形成隐喻的变形过程又变了回来，反正隐喻总是"变形"的。卡夫卡把隐喻变回到他的小说现实中，这一逆变便成了他故事的出发点，德语中把那种两性关系上下流猥亵的人称为"猪"或"猪猡"，在卡夫卡《乡村医生》里，袭击医生使女的马夫就是从医生的猪圈里跑出来的。《乡村医生》从召唤医生看病的夜半铃声开始，可他的马却已死于奔命而无法出诊，在无可奈何中，他心不在焉地、下意识地走到已被忘却的猪

→卡夫卡的作品

圈前，放出了粗鄙的马夫和一队"非尘世的马"，还放任了马夫。和他口头上的抗议相反，医生实际上是把露丝留给了马夫，以作为马夫帮忙的回报。

　　这个故事的形象和情节使我们有可能把卡夫卡的作品，看作是由隐喻伪装起来的自传片断。夜间铃声的召唤，把卡夫卡所爱的文学换成了富于感觉的表达。卡夫卡认为文学是医疗和自我保存的艺术，亦即"医生"的艺术。对卡夫卡来说，写作是夜间的工作，这包括两层意思：从具体

的意义上说，是因为他白天没有时间写作，从此喻意义上看，是因为他必须挖掘自己的内心中的夜，他把描写夜称为自己的命定之才。马的死表明没有任何正常和自然的方式可以把自己送到召唤之处。正如医生在无意中发现了自己，卡夫卡注意到他最好的作品写于一切理性约束解脱之时。

若孤立地看，卡夫卡的任何一篇作品都会使读者困惑不解。但是，如果把他的作品联系起来看，并考虑到他个人的状况，他那些形象的性质和含义就清楚了。个别作品会变成同一个主题——作者内心自传的各种变形，成为这个主题发展过程中的一个阶梯。

在卡夫卡不同的作品中，各种形象的透明度有所

不同，他的一些长篇故事的中心形象——格里高尔·萨姆沙的甲虫形状，《诉讼》中的法庭，后期小说《城堡》中的城堡——比他那些篇幅较短的故事中的象征更为晦涩和集中。原因即在于长篇里的中心形象具有多种作用和含义。实际上，它们把互相矛盾的意思和作用彼此统一起来了。

格里高尔·萨姆沙的变形在同一个大甲虫的形象中表达了许多矛盾倾向。格里高尔的变形把他企图卸掉养家糊口责任的愿望具体化了，而格里高尔的父亲则因此重新成为一家之主。同时，格里高尔的变形又体现了他想通过让自己过寄生生活，来向家庭的寄生性报复相反的愿望。在前一种情况里，变形是屈服，在后一种情况里，则是挑衅和反叛。

外在内容和内在含义间单一的观察角度和紧张状态，使卡夫卡小说的结构类似于梦的结构。

在小说中，作者和读者通过作为客观现实独立并超出于人物的观点，形成"真正的"参照系。传统的讲故事人或小说家使用下列两种方式或其中之一，来维持这种分界：他把观察角度从一个人物移向另一个人物，从而使我们享受到一种相对的无所不知，因为我们可以进入故事中全部人物的思想，而他们却谁也不能。否则，他就把自己的观察角度分散开，渗入每一个人物，对其思想行动加以评论。这些传统手法在卡夫卡的小说中是不存在的。他的故事只有一个观察角度，那就是主人公的角度。即使在他以第三人称叙述的故事中——而他主要的作品大都用的是第三人称——我们也只能通过主人公的眼光来看客体、情景和人物。《诉讼》中的一例也许可以用来说明卡夫卡用主人公对行动的理解来代替作者独立评论的方法。预审法官对被告约瑟夫·K富有煽动性的演说所作的反应被描述如下："预审法官在椅子上坐立不安，很是尴尬，或者是很不耐烦。""或者"这个词显示了与传统叙述方法的背道而驰。作者不是给我们一个权威解释，而是声明自己对笔下小说世界的无知。他阻拦了

作者"越过人物头顶"与读者交流的传统途径。就这样，卡夫卡达到了最本质的现实主义，铲除了作者作为独立可见的人格之存在的最后痕迹，从而实现了福楼拜关于作家的理想：作者在他的作品中应像上帝一样无所不能而又隐而不现。然而卡夫卡比福楼拜走得更远，连读者对主人公那种假设的优越感也一起被去掉了。

卡夫卡的叙述方式，从个别遣词造句到情节结构和思想，都表现了主人公的这种根本不稳定，正是这种形式感染了读者，使他感到凶兆的阴影。

卡夫卡的词汇是推论和猜测的词汇，最爱用的词是"看来"、"显然"、"也许"、"其实"。卡夫卡喜欢用"看起来"而不喜欢用"是"。他的句子往往由两个从句组成：第一句说出一个事实或一种猜测；第二句则对之进行验证、质疑、否定。因此加接词"可是"便成为卡夫卡思想结构的最大特点，他经常使用"即使"开头的从句、表示放弃希望和反驳推断的倾向。卡夫卡的作品结尾明确，但通常是否定的，非死亡即绝望。不以主人公之死结尾的作品大都残缺不全，这证明了作者无力达到一种明确性。

卡夫卡比一般作家更爱使用虚拟语气。主人公与其环境之间的惟一联系是推测。卡夫卡的虚拟语气是

亚里士多德《诗论》中称为"发现"——这一结构设计的语法对应物。它是主人公对事件出乎意料的转折所感到的惊奇。不管怎么说，古典悲剧中的"发现"使主人公和观众双方都获得了洞察力，它在卡夫卡作品中的主要功用是揭露主人公的意识与隐藏在故事里的真实之间所存在的脱节。

卡夫卡的所有作品，都以下列三种方式之一来处理。每一种方式都与他成熟作品中三个明显的发展阶段之一相对应。

在他成熟后的第一阶段（1912—1914），主人公压制自己的内心真实，但真实却灾难性地爆发出来——谴责、判决并毁灭他。这是惩罚性幻想的阶段，产生了卡夫卡最具戏剧性，最流行的关于罚与死的极富感染力的小说——《判决》、《变形记》、有待作重要更改的《诉讼》、以及部分《在流放地》。对所有这些作品来说，《美国》是"天真的"，"乌托邦"式的相对物。

第二阶段（1914—1917），从《在流放地》开始，后来收集在《乡村医生》里的一些寓言式小故事，其中包括《传记》，《在法的门前》和《为某科学院写的报告》。这个阶段，卡夫卡以超脱的观点来观察和思考自我与真实之间那种荒谬的脱节。

第三阶段（1920—1924）是卡夫卡最伟大、最深

刻的阶段。它包括《饥饿艺术家》这个集子里的四篇
小说，冗长的残篇《一条狗的研究》和《地洞》以及
未完成的长篇小说《城堡》。在该阶段最重要的三部作
品——《饥饿艺术家》、《约瑟菲妮或鼠群》和《城堡》
中，卡夫卡展现了主人公出于创造自我和完成自我的
疯狂需要而对世界进行的欺骗。

　　惩罚性的幻想作品构成了卡夫卡成熟后各阶段的
基础。卡夫卡说，从《判决》开始，他取得了适合自
己表现方式的"突破"。在《变形记》中，格里高尔之
死把全家从由他体现的罪疚耻辱中解放了出来，带来
了关于未来、青春和婚姻的想法，带来了万物更新，
他死的那一天恰好是新春来临的第一天。格里高尔·

萨姆沙作为（由他家庭所代表的）人类的替罪羊死去了，在给勃洛特的一封信中，卡夫卡把作家称为人类的替罪羊。

卡夫卡还在《城堡》里提出了一般现代人所面临的任务：现代人在他原先精神和社会的抛锚处起了锚，从他在宇宙中曾经是固若金汤的地方被逐了出来，正如存在主义者所指出的，现代人不得不创造他自己的本质，规划他自己的存在，而不能假设它们是被赋予的。卡夫卡的未竟之作对这一事业作了悲剧性的冷嘲，描绘了它终究是不可能实现的。

卡夫卡年谱

1883　7月3日出生于奥匈帝国领地波西米亚王国首都布拉格，双亲均为犹太人。父亲海尔曼为妇女用品批发商。母亲尤利出身富裕家庭，家族中有不少行事怪异、作风与众不同的人物。

1889　6岁进入德语小学就读（9月15日入学），为乖巧听话的学生，成绩优秀。9月，大妹艾莉出生。

1890　7岁9月，二妹瓦莉出生。

1892　9岁10月，小妹奥特拉出生，少年时代的卡夫卡最喜欢和三个妹妹玩演戏的游戏，不过她们后来都在第二次世界大战中死在纳粹的集中营里。

1893　10岁进入旧城国立德语高级中学就读。

1898　15岁受到环境影响喜读斯宾诺莎，学习达尔文，接近尼采，知道社会主义，与奥斯卡·波拉克（后来成为美术史家，在第一次世界大战中战死）结识。

1901 18岁就读布拉格卡尔·费迪南德德语大学，主修化学，有一段时间在慕尼黑。后改习法学。

1902 19岁春天，研修德国文学。开始与奥斯卡·波拉克通信。夏天在利伯赫。

1903 20岁攻读法学的同时写作诗歌和小说并寄给波拉克，都没留存下来。7月，通过法制史国家考试。

1904 21岁1月与波拉克结束友谊，与勃洛特交往日益密切。熟读歌德、福楼拜、陀思妥耶夫斯基等人的作品。在霍夫曼斯塔尔的影响下，这一年秋天至第二年秋写成《一次战争的记录》，还有后来收入《观察》的短篇《衣服》、《树》。

1906 23岁4月1日去律师理夏德·勒维博士办公室担任文书。6月18日获法学博士学位。10月起的一年之间，在布拉格法院学习。完成短篇《拒绝》、《揭露一个骗子》、《街头之窗》。

1907 24岁10月，在舅舅的推荐下，进入保险局担任临时雇员，由于写作时间减少，打算两个月后辞职。这一年除《乡村的婚事筹备》之外，尚有短篇《商人》、《心不在焉地向外眺望》、《归途》、《乘客》。其他青年时期作品已遗失。

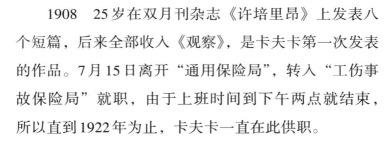

　　1908　25岁在双月刊杂志《许培里昂》上发表八个短篇，后来全部收入《观察》，是卡夫卡第一次发表的作品。7月15日离开"通用保险局"，转入"工伤事故保险局"就职，由于上班时间到下午两点就结束，所以直到1922年为止，卡夫卡一直在此供职。

　　1909　26岁在《许培里昂》上发表《与祈祷者的谈话》、《与醉汉的谈话》两个短篇。9月，与马克斯·勃洛特和奥托·勃洛特两兄弟共赴北意大利、布雷齐亚等地旅行，去布雷齐亚观看飞机试飞，写成短篇游记《布雷齐亚的飞机》，9月底发表在《波西米亚》报上。写作短篇《公路上的孩子们》、《为男骑手们考虑》。

　　1910　27岁3月底在《波西米亚》报上发表五个短篇。5月起，开始在四开笔记本上写日记。对犹太人剧团发生兴趣。10月又与勃洛特兄弟相偕赴巴黎，12月写作短篇《不幸》。

　　1911　28岁1—2月间出差，前往弗里特兰德、莱兴贝格。8月底与勃洛特共赴巴黎、苏黎世、卢加诺、米兰、佛罗伦萨等地，跟勃洛特共同写作旅行日记。秋天起到第二年年初写作短篇《单身汉的不幸》、《突然外出散步》、《希望变成印第安人》、《决心》、《巨大的声响》等。

1912　29岁2月开始写作长篇《失踪者》（后改名为《美国》）。8月13日在勃洛特家中邂逅菲莉丝·鲍尔小姐（即F．B），9月20日写了第一封情书。9月22日夜晚到第二天早晨，一口气写成《判决》。10月起，与菲莉丝书信来往频繁。11月中旬到12月上旬，完成《变形记》。

1913　30岁《观察》由罗伯特出版社出版，共收十八个短篇，为卡夫卡第一次出版的作品集。5月，《失踪者》第一章《司炉》出版，在勃洛特编的年鉴《阿路卡迪亚》上发表《判决》。

1914　31岁6月1日在柏林与菲莉丝订婚，旋即于7月12日解除婚约。写下《城堡》的试笔（6月11日日记）。7月28日，第一次世界大战爆发。8月初，开始写作长篇小说《诉讼》。10月，完成短篇《在流放地》，写《失踪者》的最后一章《俄克拉荷马露天剧场》。年底完成短篇《乡村教师》、《梦》等作品。

1915　32岁与菲莉丝再度见面。在布拉格租了自己的房间，从事《诉讼》写作，与妹妹艾莉同赴匈牙利（2月），写作《一个上了年岁的单身汉》。10月，《司炉》获凡塔那奖，《变形记》在德国表现主义文学杂志上发表，接着出版单行本。

1916　33岁受到头痛与失眠困扰，5月获得三星

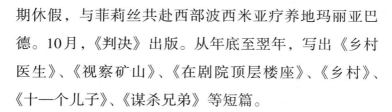

期休假，与菲莉丝共赴西部波西米亚疗养地玛丽亚巴德。10月，《判决》出版。从年底至翌年，写出《乡村医生》、《视察矿山》、《在剧院顶层楼座》、《乡村》、《十一个儿子》、《谋杀兄弟》等短篇。

1917　34岁住在炼金者街，后移居舍恩布龙官寓所。继续写出《猎人格拉胡斯》、《桥》、《中国长城建造时》、《驾驶台车的人》、《邻居》、《歧路》、《叩击庄园大门》（除了《驾驶台车的人》以外全部为遗稿）等短篇，以及收入《乡村医生》的《新律师》、《父亲的忧虑》、《豺狗和阿拉伯人》、《为一个协会作的报告》等作品。7月与菲莉丝第二次订婚。9月4日经确诊罹患肺结核，居住在楚劳他的妹妹奥特拉家。研读克尔凯郭尔的著作。写作《塞壬们的沉默》、《桑丘·潘沙真传》、《无聊的纠纷》等短篇，并且在笔记本上写下无数的格言。12月与菲莉丝第二次解除婚约。

1918　35岁先后在楚劳、布拉格、图尔瑙谢列森等地。写出《中国长城建造时》、《铁桶骑士》。10月28日，捷克共和国独立。11月初，第一次世界大战结束。11月底，赴布拉格北方小镇谢列森疗养。

1919　36岁春天回布拉格。5月，《在流放地》出版。9月，短篇集《乡村医生》由库尔特沃·尔夫出版社出版。11月，赴谢列森疗养，在那里写《致父亲》。

1920　37岁 3月结识同事的儿子古斯塔夫·雅诺赫
（这位青年后来成为《卡夫卡谈话录》的作者）。4月初
到疗养地梅兰，与将他的《司炉》翻译成捷克文、定居
于维也纳的米莱娜·耶森斯卡开始通信，随后发展成恋
爱关系。6月29日，从梅兰回布拉格途中在维也纳和米
莱娜共度四天时光。从夏天到秋天写出《城徽》、《波塞
顿》、《集体》、《深夜》、《拒绝》、《关于法律问题》、《考
试》、《征兵》、《兀鹰》、：《舵手》、《陀螺》、《小寓言》、
《还乡》等短篇（全部为遗稿）。12月18日，赴马特里拉
里疗养，在那里写成跟米莱娜分手的信，与犹太人医学
院学生罗伯特·克洛普施托克认识。

1921　38岁 9月，从马特里拉里疗养地回布拉格。
完成《出发》、《代言人》、《最初的烦恼》等短篇。

1922　39岁 1月底，赴斯平德勒米勒疗养三星期，
在那里写作《城堡》。3月15日朗诵《城堡》片断，5
月最后一次与米莱娜谈话。完成短篇《饥饿艺术家》。
6月底，退休。离开工作了十四年的工伤事故保险局。
9月写成《一条狗的研究》。12月，完成《夫妇》、《不
要做》、《关于比喻》等短篇。

1923　40岁 前半年在父母亲家里卧病在床。7月
初，与妹妹瓦莉的家人共赴波罗的海沿岸的莫利茨，
在那里认识多拉·迪曼特小姐。曾去柏林、什莱森。9

月底，与多拉在柏林郊外的施泰格里茨同居。完成《一个小女人》、《地洞》等短篇。冬天，病情急剧恶化。

1924　41岁在柏林逗留到3月17日，回布拉格，完成《约瑟菲妮或鼠群》。4月初，接受维也纳大学附属医院诊断，证实得喉头结核。4月下旬由多拉和罗伯特·克洛普施托克陪同，赴基尔林疗养院。5月写信给多拉父亲，祈求娶其女儿为妻，遭拒绝。6月3日早晨在呼吸困难的痛苦状态中死去。逝世的前一天还在看《饥饿艺术家》的校样。6月11日葬于布拉格的犹太人墓地。病逝后不久，短篇集《饥饿艺术家》出版。1952年8月，多拉·迪曼特在伦敦去世。

1925　死后一年长篇小说《诉讼》出版。

1926　死后两年长篇小说《城堡》出版。

1927　死后三年长篇小说《失踪者》（《美国》）出版。

1931　死后七年遗稿集《中国长城建造时》出版。

1934　死后十年《在法的门前》出版。

1935—1937　马克斯·勃洛特编的第一次《卡夫卡全集》全六卷刊行。

1950—1958　第二次《卡夫卡全集》全九卷刊行。

历史的丰碑丛书